KB200413

내 마음도 쉴 곳이 필요해요

내 마음도 쉴 곳이 필요해요

유은정 지음

규장

사랑이 고프면
마음이 아픕니다

농부이자 청소부로서의 삶

나는 크리스천 정신과 전문의로서 다양한 역할을 수행한다. 먼저는 크리스천이 열매 맺지 못하는 삶을 살 때 그들의 마음 밭을 살펴보고 기경하는 '농부' 역할이다. 말씀의 씨앗이 뿌려질 때, '길가'처럼 심기기도 전에 악한 자에게 다 빼앗기는지, '돌밭'처럼 뿌리를 내리지 못해 시련이 오면 무너지고 마는지, '가시밭'처럼 세상 염려, 재물의 유혹, 자기만의 가치 기준이 강해서 말씀이 자라나지 못하는지, 혹은 잘 심겨 삶에 열매 맺고 꽃 피우는지를 진단하고 땅을 일군다.

둘째로 마음속 유리창을 닦는 '청소부' 역할을 한다. 상처나 트라우마로 켜켜이 쌓인 생각의 오류를 수정하고 하나님의 사랑을 보지 못하게 하는 먼지를 닦아낸다. 이는 막힌 은사와 묻어둔 달란트를 발견하도록 돕는 일로 이어진다.

하나님께서는 한 달란트를 땅에 묻은 자를 '게으르고 악한 종'이라고 꾸짖으셨다. 게으른 건 알겠는데, 왜 악할까? 하나님이 주신 은사와 뜻을 신뢰하지 않고 업신여겼기 때문이다. 한 달란트면 어떻고, 반 달란트면 어떤가. 하나님이 '내게' 맡기셨다는 데 가치가 있다. 그래서 '남들은 다 가졌는데, 난 하나도 없어'라는 낮은 자존감과 상대적 박탈감을 털어버리고, 자신의 은사와 장점을 발견하도록 돕는다.

나는 사랑을 제대로 아는가?

2017년 CGNTV에서 '유은정 원장의 마음치료 코칭'을 시작했다. 방송 영상이 유튜브에 올라가면서 기독 정신과 전문의를 찾는 많은 사람이 상담 요청을 해왔다. 그래서 크리스천이 겪는 여러 가지 공통된 어려움에 집중할 수 있었다.

지난 4년간 시즌 1,2,3을 합쳐 총 36강을 준비하면서, 미국에서 신학석사를 마치고 귀국한 후 바로 개업하느라 놓고 있었던 기독교 상담 공부를 다시 시작했다. 화장실 갈 틈이 없을 정도로 진료에 전념하다가 집에 와서는 강의 준비를 위해 책을 펼쳤다. 그런데도 육체의 피로를 이기는 영혼의 즐거움이 있었다. 환자들이 가져오는 문제의 무거움을 느끼면서 늘 허덕이곤 했는데 공부를 하며 꿀처럼 달콤한 해답이 보였다.

'정신과 상담이 참 쉬운 거구나. 이래도 좋고 저래도 좋다는 생각으로 각자 마음의 짐을 챙기고, 곁에 있는 사람을 불쌍히 여기면 되는구나.'

이런 깨달음과 함께 2019년부터 '사랑'을 묵상하기 시작했다.

'기독교가 다른 종교와 차별화되는 핵심 가치가 바로 사랑인데 나는 크리스천이자 정신과 의사로서 사랑을 제대로 알고 있나?'

하나님께서는 다시금 사랑의 본질을 일깨우셨다. 이 시대에 가장 진부하게 여겨지는 사랑을 말이다. 하나님은 사랑이시다. 그분을 알고 닮기 위해서는 사랑을 깊이 이해하고 삶에 실천하고 적용해야 한다. 그래서 나는 진료실을 찾은 환자의 손을 잡고 사랑을 담아 이렇게 말하곤 한다.

"여기까지 오느라 그동안 고생 많았어요. 도움을 청하러 온 것만으로도 치료와 변화가 절반이나 시작된 거예요. 당신은 괴로운 증상을 해결하러 온 게 아닙니다. 그동안 꾹 눌러두었던 마음을 표현하고 감정의 찌꺼기를 제거하고 바쁜 일상에 치여 잊고 지냈던 자신을 돌보기 위해 온 거예요.

겉으로 나타나는 공황, 불면, 우울, 폭식은 빙산의 일각이에요. 그 밑에 가라앉아 있는 어린 시절의 상처, 사랑의 결핍, 낮은 자존감, 불안정한 정서, 잊고 지낸 꿈과 소망 등을 하나씩 꺼내 볼 거예요. 그 가운데 눈에 보이는 상황이 그대로일지라도 그것을 바라보는 당신의 마음가짐이 달라질 겁니다.

그러면 의욕이 생길 거예요. 하나님께서 주신 있는 그대로의 자신을 수용하고 기뻐하며 은사와 장점, 인생의 목표를 발견하고 무엇보다 자신에게 칭찬과 격려 그리고 사랑을 베풀 수 있는 능력을 배울 거예요."

하나님을 믿는데 왜 이렇게 힘들까?

나 또한 일상에서 나를 돌보는 시간을 가지려 애쓴다. 그중 하나가 서울의 둘레길 걷기다. 도심을 바라보면서 걸으면 문득 이런 생각이 든다.

'저 많은 건물, 이 큰 도시 틈에서 난 정말 작은 존재구나. 내가 겪은 그 일도 누구나 겪는 작은 일 중 하나겠구나.'

하나님이 내 상황을 모르시지 않는다. 다만 누구나 겪는 일이기에 지켜보고 계신다. 그런데 우리는 어려움이 닥치면 그분을 원망한다.

'왜 내 기도에 응답하지 않으실까?'

'왜 나만 이렇게 힘들어야 할까?'

크리스천이라고 괴로움이 없는 게 아니다. 오히려 고통이 더할 수 있다. 그러니 '하나님을 믿는데 왜 이렇게 힘들까'가 아니라 하나님을 믿기에 괴로움을 이겨낼 더 큰 무기가 있음을 깨닫는 게 중요하다.

삶이 괴로워서 신앙까지 등지는 사람들을 보면 정말 안타깝다. 그러나 우울증이 회복되고 일상의 리듬을 되찾아 얼굴에 생기가 돌기 시작하면 신앙이 예전보다 깊어지는 걸 보기도 한다. 그래서 처음 내원한 크리스천에게 꼭 하는 말이 있다.

"당신은 우울증을 치료하러 온 게 아니라 하나님과의 관계를 회복하러 온 겁니다."

처음에는 어리둥절한 표정을 짓지만, 회복된 후에는 이 말이 그들의 고백이 되는 걸 본다.

"제게 주신 이 결핍, 아픔, 괴로움, 외로움, 공허함이 결국은 하나님께 더 가까이 가기 위한 도구이자 과정이었네요. 이 길에 함께 해주셔서 감사해요."

크리스천 정신과의사로서 큰 보람을 느끼는 순간이다.

지금 우울한가? 혹시 자신의 예민함 때문에 힘든가? 누군가가

한 말에 상처받았는가? 도무지 이해할 수 없는 상황에 맞닥뜨렸는가? 바로 지금이 나를 지으시고 내 모든 걸 아시는 그분과 관계를 회복할 적기임을 깨닫고 마음이 쉴 곳을 찾길 바란다.

contents

part

2

당신의 마음을
쉽게
해주세요

* 본문의 사례는 환자 보호를 위해 각색했음

마음도
몸도

,

무너진
당신에게

1
chapter

나는 왜 예민할까?
_예민함 Ⅰ

예민함이라는
선물

나는 상담과 신앙이 상반되지 않는다고
본다. 하나님은 이 둘을 아우르는 크신 분이기에 상담도 그분의
지혜로 사용하신다. 신앙인으로서는 당연히 신앙이 더 중요하지
만, 정신과 전문의로서는 이 둘을 조화롭게 활용할 때 환자 치유
에 한 걸음 더 다가갈 수 있다고 믿는다.

그동안 《혼자 잘해주고 상처받지 마라》와 《상처받지 않고 끝
까지 사랑하기》를 출간한 데 이어 《내가 예민한 게 아니라 네가
너무한 거야》를 펴냈다. 앞의 두 책을 내고는 이런 질문을 가장
많이 받았다.

"원장님은 상처 잘 받으세요?"

나는 대답했다.

"당연하지요. 상처를 잘 안 받으면 이런 책을 쓰지도 못했을 거예요."

이번에도 비슷한 질문이 돌아왔다.

"원장님도 예민하세요?"

나는 또 대답했다.

"예민하고 공허감을 잘 느끼기에 정신과 의사가 되었고, 저와 비슷한 사람들에게 마음이 가는 것 같아요. 그래서 제게 예민함은 선물이에요."

예민함이 꼭 나쁜 건 아니다. 예민한 사람들의 긍정적인 특징은 호기심이 많고 통찰력이 있으며 세심하게 관찰하고 의도를 잘 파악하는 것이다. 또 감각에 민감하고 온도, 압력의 변화, 공간의 에너지를 더 섬세하게 느끼고 반응한다. 그래서 예민함의 스위치를 켰다 껐다 하며 잘 조절할 수만 있다면 그만의 능력이 될 수 있다.

사실 세 번째 책은 '상처받더라도 끝까지 사랑하기'를 주제로 쓰고 싶었다. '상처받지 않고 끝까지 사랑하기'의 다음 성장 단계가 상처를 받아도 끝까지 사랑하는 것이기 때문이다. 그런데 '예민함'을 먼저 다루게 하신 걸 보면서 이런 생각이 들었다.

'하나님이 우리의 연약함을 다 아시는구나. 때로 내 예민함으로 인해 타인에게 받은 상처를 성령님이 임하셔서 치유하실 때 누군가를 자연스럽게 사랑하고, 또 상처도 감내할 수 있는 거구나.'

예민함을 주제로 강의하고 글을 쓰면서 자기 비하와 자책, 죄책감에 시달리는 크리스천이 많다는 걸 알았다. 이들은 누군가에게 좋은 모습을 보이고 싶은데 그러지 못하거나 관계의 어려움을 겪을 때 자기를 공격한다.

'나는 너무 한심해', '이런 내가 무슨 신앙인이야', '나만 참으면 모두 평화로운데…', '이건 내 십자가야', '크리스천이 이런 것 하나 못 견디면…', '이렇게 한심한 내가 교회에 다녀봤자지. 무슨 성경 공부를 해' 등의 생각으로 자신을 괴롭힌다. 이런 사람을 만나면 꼭 해주는 말이 있다.

"당신이 예민하고 잘못된 게 아니라, 때로는 상황과 상대가 당신을 힘들게 한 것일 수 있어요."

힘든 관계에서
나를 보호하기

혹 새벽에 외로워서 몸부림쳐 본 적 있는가? 운전하다가 갑자기 운전대를 치면서 엉엉 울어본 적 있는가? 나는 있다. 그럴 때 사무치는 외로움과 공허함을 토로할 만한 상대가 있는가? 언제고 연락해서 내 마음을 나눌 친구가 있거나 옆에서 자는 배우자라도 깨워 그 마음을 털어놓을 수 있다면 성공한 인생이라고 생각한다.

인간은 군중 속에서도 외롭고 공허할 수밖에 없는 존재다. 특히 공허감을 많이 느낀다면 타인에게 상처를 반복하여 받아서 피해 의식이 생겼을 가능성이 크다. 그는 주위 사람들에게 이런 말을 많이 들었을지 모른다.

"너를 생각해서 하는 말이니까 기분 나쁘게 듣지 마."

그런데 정말 날 생각해서 하는 말일까? 나는 이런 말을 일삼는 친구를 '프레너미'(frienemy)라고 부른다. 친구 'friend'와 적 'enemy'의 합성어로, 내 행복을 빌어주는 진짜 친구인지 아니면 친구라는 이름으로 머물지만 시기와 질투를 남발하는 적인지 알 수 없는 존재를 말한다.

누군가를 만났는데 즐겁고 충전이 되는 게 아니라 힘이 쭉 빠지고 에너지가 소진되는 기분이 들거나 어떤 모임에 갔다가 원인 모를 불쾌감을 안고 집에 돌아올 때가 있다. 관계 속에서 자꾸 우위를 차지하려는 사람들 때문에 움츠러들며 예민해지고 그 모임에 다신 안 가고 싶어진다.

그럴 때 그 원인을 자신에게 돌리는 것이 문제다. 만일 교회 모임이 그렇다면 '내가 영성이 부족해서 이렇구나', '내 신앙에 문제가 있구나', '사람 하나를 품지 못하면서 크리스천이라고 할 수 있나'라며 깊은 자책에 빠진다.

크리스천뿐 아니라 정신과를 찾는 이들 중 대부분이 관계의 어려움을 토로한다. 부부 관계, 부모 자녀 관계, 교회 인간관계 등 가까운 사이일수록 문제가 발생한다. 또 일방적으로 감정을 착취하고 착취당하는 관계 속에서 주로 피해자가 상담실을 찾는다. 예를 들어 남편이 주사와 폭언을 일삼는 경우 상담실에 오는 건 대부분 피해자인 그의 아내다.

그렇다면 나를 괴롭히는 '감정착취자'들을 어떻게 대해야 할까? 이런 관계와 상황에 놓여있다면 자책만 할 게 아니라 적극적으로 나를 보호하고 살펴야 한다.

○ 심리적 거리두기

사회적 거리두기처럼 심리적 거리를 두자. 마스크를 써서 바이러스로부터 나를 보호하듯 상대를 멀리하며 나를 보호하고, 그와 내가 다름을 인정하는 과정이 필요하다.

가정의 경제를 책임지고 있는 한 여성이 내원했다. 그녀는 장녀로서 동생들 뒷바라지와 가족을 돌보느라 결혼도 미룬 상태였다. 그런데 어느 날 가족 모임 중에 그녀가 사소한 돈 얘기를 꺼내자 가족이 "또 돈 얘기야", "돈 번다고 생색내는 거니"라며 예민하게 반응했다. 그녀는 상처를 받았고, 돌아서서 '내가 왜 가족한테 내색했지'라며 자신을 탓했다.

나는 그녀에게 두 가지를 처방했다.

"당분간 집에 가지 마세요. 그리고 할 수 있는 만큼만 하세요. 이런 상황이 당신에게 상처가 되고 착취당하는 기분이 들게 한다면 가족과 잠시 거리를 두세요. 지금까지 한 것만으로도 충분히 잘했어요."

그러자 그녀가 말했다.

"가족이 툭툭 던지는 말에 예민하게 반응한 제가 문제인 줄 알았어요. 하지만 나를 이해해주지 못한 그들이 너무했던 거네요."

그녀는 심리적 거리두기를 통해 상황을 객관적으로 이해함으로써 가족에 대한 미움이나 자책감을 덜어낼 수 있었다.

또한 누군가와 관계가 어려울 때 스스로 질문해보자.

'나는 그와 잘 지내고 싶은 걸까, 그에게 잘 보이고 싶은 걸까?'

앞서 말한 여성에게도 물었다.

"가족과 잘 지내고 싶은 건가요, 아니면 그들에게 잘 보이고 싶은 건가요?"

그녀는 잠시 생각하더니 잘 보이고 싶은 마음이 있다고 말했다. 가족을 위하는 마음도 있지만, 내면 깊은 곳에는 커다란 인정 욕구가 있었다. 자신이 가정을 일으켜 세웠다는 인정을 받고 싶은 욕구와 자기를 부인하지 못하는 마음이 공존했던 거다.

주변에 특히 관계가 불편한 사람이 있거나 그와 있을 때 유독 예민해진다고 느낀다면 자문해보자.

'나는 그와 잘 지내고 싶은가, 그에게 잘 보이고 싶은가?'

○ **거절 의사 표현하기**

"담대하지만 담담하게, 단순하지만 단단하게!"

내 책 《내가 예민한 게 아니라 네가 너무한 거야》에서 가장 많이 회자되고 SNS에서도 굉장히 사랑받은 문구다. 말 그대로 누군가에게 내 마음을 표현할 때 감정을 분리해서 '담담'하게 말하되 쭈뼛거리지 말고 '담대'하게 말할 것, 또 너무 복잡하게 생각하지 말고 메시지를 '단순'하면서도 '단단'하게 전하라는 의미다.

그런데 대부분 이렇게 못 한다. 특히 크리스천일수록 거절 의사를 표현하기 어려워한다. 이런 생각을 하기 때문이다.

'그렇게 말하면 그(그녀)가 상처받을 텐데….'

'그들이 나를 어떻게 생각할까? 교회에서 그래도 될까?'

'예수님이 화평하라고 하셨으니 나만 참으면 돼.'

하지만 내게 해를 끼치는 사람을 멀리하려면 먼저 거절 의사를 밝힐 줄 알아야 한다. 그러기 위해 몇 가지 거절 표현을 연습하는 게 큰 도움이 된다.

"아니요, 제 의견은 좀 다릅니다."

"제가 좀 더 생각하고 이야기해도 될까요?"

"죄송하지만, 그건 좀 어려울 것 같아요."

이렇게 문장을 적어 말로 연습하면 거절 의사를 표현하기가 훨씬 수월하다. 말로 표현하지 않으면 상대가 내 마음을 알 수 없다. 말을 안 해도 알아주길 바라는 순간, 실망과 상처, 섭섭함이 따라온다. 그러므로 상대의 마음을 배려하는 거절 의사 표현을 평소에 연습해두자.

◦ 내가 아닌 건 멈추기

정말 그와 잘 지내고 싶다면, 그에게 잘 보이기 위해 맘에도 없는 'Yes'가 아니라 때로는 'No'를 할 수 있어야 한다. 앞에서는 가식적으로 "네~ 네~" 하면서 돌아서서 '왜 나한테 이런 걸 시켜? 너무 하기 싫다'라고 분노하며 두마음을 품지 말자. 속마음과 상반되는 표현은 관계를 점점 멀어지게 만든다. 이중적인 마음으로 사람들을 대하면 공동체를 향한 마음도 멀어진다.

멋진 어른이 되는 세 가지 태도

1. 단호함 : "나는 못 하겠습니다."
2. 냉정함 : "나는 당신과 생각이 다릅니다."
3. 결단력 : '오늘은 반드시 그렇게 말해야겠다.'

나를 보호하는 단호함, 다양성을 인정하는 이성적이고 냉정한 판단, 물러서지 않고 내 의견을 전달하겠다는 결단이 필요하다. 앞서 말했듯 이런 말을 못 하는 이유는 상대에게 잘 보이고 싶기 때문이다. 한번 떠올려보자. 내게 가장 상처를 주는 사람, 피하고 싶고 감정적 거리두기를 하고 싶은 사람은 누구인가? 그가 바로 내가 가장 잘 보이고 싶은 사람이기도 하다.

내 경우는 가장 잘 보이고 싶으면서도 가장 섭섭함을 느끼는 대상이 바로 병원 직원들이다. 나는 그들에게 진료를 잘하는 의사이자 경영을 잘하는 원장이며, 인격이 훌륭한 리더이자 존경받는 크리스천이고 싶다. 그럴수록 직원들에 대한 기대감도 점점 높아진다. 하지만 이런 마음이 들 때마다 속으로 되뇐다.

'그들은 나와 입장이 다를 수 있다.'

병원 운영자와 근무자의 생각은 다를 수밖에 없다. MZ세대 직원들에 대한 실망을 곱씹지 말고 그들의 배경과 상황을 이해해보려고 한다. 상대의 입장을 생각하지 못한다면 90년대생도 누구나 꼰대가 될 수 있다. 마찬가지로 남편과 아내, 시어머니와 며느리의 생각도 다르며 심지어는 반대일 수 있다. 상대는 나와 다를 수 있다는 이성적 판단을 전제로 하면 관계 속에서 예민해지거나 상처받는 일이 많이 줄어든다.

그러니 예민하다고 자책하며 자신을 괴롭히지 말자. 예민함은 타인의 심리를 읽는 능력이 될 수 있다. 사회와 가정, 교회에서 예민함이 은혜의 도구가 되도록 앞서 말한 내용을 잘 실천해보자.

내 마음 ♥ 응급처치

— ACTION PLAN —

평소에 '소리 내어 말해보기'를 미리 연습하자.
긍정심리학에서는 긍정적인 문장을 10번씩 되뇌면 생각이 바뀐다고 한다.

1. 소리 내어 말해보기

   - **나에게 문제가 있다고 느낄 때**
     예민함은 내 장점이다!

   - **거절해야 할 때**
     제가 좀 더 생각하고 이야기해도 될까요?
     죄송하지만, 그건 좀 어려워요.
     난 이번에는 못 할 것 같아요.
     제 생각은 좀 달라요.

   - **상대에게 서운한 마음이 들 때**
     내가 말을 안 하면 아무도 내 마음을 알아주지 않는다.

2. 내게 가장 상처를 주는 사람, 피하고 싶고 심리적 거리두기를
   하고 싶은 사람은 누구인가?

   _____

3. 그(그녀)와 잘 지내고 싶은가? 그(그녀)에게 잘 보이고 싶은가?

   _____

Q 교회 자매 때문에 마음이 상했어요

제 일대일 양육 교사는 제가 양육 시간에 조금만 늦어도 이해를 못하고 혼내듯 말합니다. 미안하다는 말도 없고요. 아직 양육 과정이 한참 남았는데, 먼저 마음을 풀고 다가가야 할까요? 제가 속이 좁은 걸까요?

A 상처 앞에서 냉정함과 결단력이 필요해요

살다 보면 사소한 문제로 마음 상하는 일이 종종 있습니다. 그러면 모임이 은혜롭지 않고 그가 보기 싫어서 교회에 가기 싫어지지요. 정황을 다 알 수는 없지만, 먼저 전체적인 상황을 그려볼까요?

양육을 받으러 열심히 갔는데 몇 분 늦은 걸로 혼이 나고 자신이 좋은 사람으로 비춰지지 않는 것 같아 속상하고 섭섭했을 것 같아요. 그런데 양육 교사도 이전부터 양육을 위해 기도하며 준비했을 겁니다. 10분 일찍 도착해서 기도하는 습관이 있을 수도 있고요. 그러나 혼내듯이 말했다면 양육자로서 좀 더 훈련이 필요해 보이네요. 세 가지 처방을 드릴게요.

1. 늦은 이유를 설명하고 앞으로의 다짐을 가볍게 표현해보기

   억울한 마음을 담아두거나 대놓고 불편함을 표출하기보다 "이런 일이 있어 늦었는데 다음부터는 늦지 않을게요"라고 상황 설명과

다짐을 표현하면 좋아요. 나아가 앞으로 10분 일찍 도착하는 습관을 길러보면 어떨까요.

2. 양육 교사 입장에서 생각해보기

양육을 받으러 오는 학생도 떨리지만, 교사도 긴장된 마음으로 기도하고 말씀을 공부하며 미리 가서 기다렸을 거예요. 그런데 학생이 늦는다면, 자존감이 낮거나 예민한 사람일 경우 '날 무시하나?', '이 시간을 중요하게 생각하지 않나?', '별로 하고 싶지 않은 건가?' 등 여러 생각을 할 수 있어요. 그러므로 상대의 입장을 생각해보는 이성적 판단과 앞으로 늦지 않겠다는 결단이 필요합니다.

3. 자신을 돌아보기

먼저 '내가 왜 양육 시간에 늦었지? 마음이 불편한가' 등 동기를 살펴보세요. 그리고 상대가 혼내듯이 말했다고 느낀다면 왜 그렇게 느낀 건지, 혹 과거의 혼난 경험이나 나를 혼낸 누군가와 동일시하는 건 아닌지 생각해보세요.

마음이 꽁꽁 얼어 있으면 말씀이 뿌리내리지 못하기에 양육 교사와 진솔하게 대화하는 게 우선입니다. 먼저 마음을 풀고 다가가보세요. 분명 오해가 풀리고 신뢰가 생겨 더욱 의미 있는 시간이 될 거예요.

ⓠ 아내가 거절을 못 합니다

아내가 교회의 인간관계나 봉사에 끌려다니는 듯해요. 밝은 모습으로 교회 생활을 열심히 하는 것 같지만, 사실 지나치게 주변을 챙기느라 거절을 못 해요. 저와 보내는 시간보다 주변을 챙기는 시간이 더 많고, 버거워하면서도 교회 일을 또 맡고⋯. 아내의 거절 못 하는 성격을 이용하는 것 같아 교회 사람들이 괜히 미워지기도 합니다.

ⓐ 경계를 잘 지키도록 도와주세요

존 타운센드, 헨리 클라우드의《NO!라고 말할 줄 아는 그리스도인》을 권하고 싶어요. 원제는 'Boundaries'로 크리스천의 대인 관계에서 적절한 경계를 알려줍니다.

앞에서는 무조건 받아들이고 뒤에서 힘들어하며 가족 불화까지 생기면 신앙의 균형도 깨집니다. 지나치게 반항적이고 비난과 거절을 일삼는 것이나 자기 의견을 표현하지 못하고 맹목적으로 순종하는 것 모두 문제지요. 아내와 나누면 좋을 몇 가지 처방을 드릴게요.

1. 누구를 위해 봉사하고 교회 모임에 가는지 생각해보기

    아내가 누구를 위해 봉사하고 있는지, 인정을 받고 싶어서인지 정말 상대를 위해서인지 스스로 돌아볼 수 있게 도와주세요.

2. '하나님은 어떻게 하길 원하실까?', '이 상태가 지속되면 어떻게 될까?' 생각해보기

아내와 두 질문을 함께 나눠보세요. 그러면서 서운함도 솔직하게 전하고, 아내의 이야기도 들으며 서로 마음을 주고받는 게 좋습니다. 그러고 나서 어떻게 개선할지 조율해보세요.

3. 아내의 힘듦을 도와주기

교회 일을 함께하거나 아내가 주변의 요청을 거절할 수 있도록 도와주세요. '이번에는 못 할 것 같고, 다음에 할게요', '저는 그렇게 생각하지 않아요' 등 거절 의사 표현을 연습하도록 알려주세요.

4. 교회 봉사로 훈련되는 부분 발견하기

많은 청년이 평일에는 직장생활을 하고 주말에는 청년부, 주일에는 예배와 봉사로 섬깁니다. 이런 시간은 신앙 훈련을 위해 필요합니다. 당시는 힘들어도 소중한 훈련의 시간으로 남지요. 다만 적절한 휴식과 가정에 쏟는 시간도 반드시 확보해야 함을 알려주세요.

5. 나를 돌아보기

본인이 아내를 외롭게 한 적은 없는지, 그녀의 경계를 잘 지켜주고 있는지, 무리한 요구를 하진 않았는지 점검해보세요. 거절 못 하는 아내의 기질을 자기도 모르게 이용하지 않았는지도요.

2
chapter

예민한 게 꼭 나쁜 걸까?
_예민함 2

나는
얼마나 예민할까?

예민함은 타고난다. 예민한 사람은 태생
적으로 기질이 다르다. 특히 감각 정보를 인식하는 뇌의 영역과
공감 영역이 활성화되어 있어서 다른 사람의 기분과 감정에 민감
하게 반응하고, 주변 환경에 훨씬 영향을 많이 받는다. 또 같은
충격에도 더 크게 반응하며 공간과 온도, 분위기를 파악하는 능력
이 뛰어나다.

이처럼 예민함은 세상을 경험하는 방식의 태생적 차이일 뿐이
다. 그래서 이런 말로 다수의 기준을 예민한 사람에게 들이대는 건
폭력이다.

"넌 반응하는 게 다른 사람과 너무 달라서 문제야."

누구든 나와 다른 반응을 보일 수 있고 다른 생각을 가질 수 있

음을 인정하자. 이런 말을 듣더라도 예민함을 자책하지 말자.

다음은 예민함의 정도를 스스로 가늠해볼 수 있는 항목들이다.

○ 예민함 체크리스트

1 배우자가 한 사소한 말에도 쉽게 화가 난다 ☐

2 사람이 많은 곳에 가면 답답하다 ☐

3 층간소음에 민감하다 ☐

4 밤에 잠이 오지 않아 이튿날 힘들어할 때가 많다 ☐

5 끔찍한 영화나 TV를 보지 못한다 ☐

6 드라마나 영화를 보고 눈물을 흘린다 ☐

7 다른 사람들에게 폐를 끼치지 않는지 항상 걱정한다 ☐

8 다른 사람들에게 싫은 소리를 못 한다 ☐

9 먼 미래의 일까지 미리 걱정한다 ☐

10 큰 병이 있지 않을까 불안해한다 ☐

11 사람들에게 소심하다는 이야기를 자주 듣는다 ☐

12 문단속, 가스 불, 지갑이 제대로 있는지 여부를 여러 번 확인한다 ☐

13 운전할 때 사고가 나지 않을까 지나치게 걱정한다 ☐

14 항상 긴장 속에 사는 것 같다 ☐

15 중요한 일을 앞두고 설사나 변비에 시달린다 ☐

16 밤에 무서워서 TV를 틀거나 불을 켜고 잔다 ☐

17 사람들과 눈을 잘 맞추지 못한다 ☐

18 긴장하면 호흡이 잘 되지 않을 될 때가 많다 ☐

19 감정 기복이 심하다 ☐

20 쉽게 죽고 싶은 생각이 든다 ☐

21 걱정이 꼬리에 꼬리를 물고 계속된다 ☐

22 여러 사람 앞에 서는 것을 피한다 ☐

23 자신을 싫어하는 사람이 있는 상황을 견디지 못한다 ☐

24 시험, 발표에서 늘 평소보다 실수를 많이 한다 ☐

25 권위적인 사람과 함께 있는 것이 불편하다 ☐

26 약을 먹지 않으면 불안해서 견딜 수가 없다 ☐

27 가족이 늦게 들어오면 사고가 난 것 같아 불안하다 ☐

28 배우자가 바람을 피울 것 같은 생각이 든다 ☐

―《매우 예민한 사람들을 위한 책》 중에서

위 항목 중 7개 이상이 해당하면 매우 예민한 사람이다. 아마 많은 사람이 '내 얘긴데…'라고 생각할 것이다. 하지만 자신의 예민함을 탓하지 말길 바란다. 예민함은 그 자체로 나쁜 게 아니다. 그것이 내게 나쁜 영향을 미치지 않도록 하는 게 더 중요하다.

예민한 사람은 부정적인 생각과 걱정, 염려에 더 취약하다. 그런 이들에게 늘 말하는 비유가 있다.

"새가 머리 위를 날아가는 건 막을 수 없지만, 머리 위에 둥지를 틀지 못하게는 할 수 있어요."

걱정과 염려가 나를 스쳐 지나갈 수 있지만, 내 생각과 믿음과 행동을 좌지우지할 정도로 둥지를 트는 건 막을 수 있다는 뜻이다. 만일 종일 근심하며 전전긍긍하고 잠을 못 자는 등 생활의 변화를 보인다면, 이미 걱정이 머리 위에 둥지를 튼 상태다. 그러면 이것을 어떻게 막을 수 있을까?

라이프스타일
바꾸기

예민한 사람은 예민함이 질병으로 발전하거나 부정적인 영향을 끼치기 전에 라이프스타일을 조금씩 바꿔야 한다.

○ 감정의 환기

평소 사무실에서 일하는 사람은 쉬는 날이라도 외부 활동에 집중하자. 나도 종일 사무실에서 근무하기에 쉬는 날엔 반드시 밖으로 나가 신체적, 감정적 환기를 한다.

예민한 사람은 '여기 공기가 이상한데…?'라며 공기의 미세한 변화를 느낀다. 그뿐 아니라 앉는 자리, 위치에 따라서도 기분이 달라진다. 그러니 같은 공간에 있더라도 자리를 바꿔보거나 밖으로 나갈 수 없는 상황이라면 창문을 열어 공기를 순환하며 에너지 상태를 바꿔보자.

○ 자연과 마주하기

멀리 가지 못하면 가까운 공원이나 호수, 근처 산에라도 가자. 자연이 주는 치유와 활력이 있다.

○ 걷기

나는 우울증 환자에게 걷기를 강력히 추천한다. '걷는 게 얼마나 도움이 될까…' 싶지만, 막상 몸을 일으켜 나가서 걷는 것조차 힘든 사람이 많다. 우울증은 전신(全身)을 지배하는 전신질환이기에 체력이나 근력도 떨어뜨린다. 이럴 때는 주변에서 같이 나가자고 끌어주는 도움이 필요하다. 단, 중증 우울증의 경우에는 이런 도움이 갈등을 일으키기도 한다. 환자는 보호자가 자신을 이해하지 못한다고 짜증을 내고, 보호자는 본인의 노력이 무시당한다고 느낄 수 있기 때문이다.

○ 생활의 리듬 지키기

사람은 잠을 못 자거나 배가 고프거나 피곤해도 예민해진다. 그러므로 내 몸에 주의를 기울이고 몸이 무엇을 원하는지 상태를 점검하는 게 '마음챙김'의 중요한 부분이다. 몸이 피곤하면 낮잠을 청하고 답답하면 잠시 일을 멈추고 숨을 깊이 들이쉬며 호흡에 집중해보자.

자율신경계에 속하는 맥박 수, 설사나 변비 등은 스스로 조절할 수 없지만, 의지로 조절할 수 있는 유일한 자율신경계가 바로 호흡이다. 스스로 의식하여 인위적으로 주도할 수 있다. 그런데 요가나 명상, 수행 등에서 호흡을 강조한다는 이유로 일부 크리스천들이 호흡법에 거부감을 보이곤 한다.

예전에 어느 수련회에서 명상과 호흡에 대해 강의한 적이 있다. 그런데 몇몇 장로님이 따라 하지 않았다. 이유를 물으니 요가 수행에서 하는 거라 안 한다고 했다. 물론 나도 요가에 심취하거나 너무 깊이 묵상하며 수행하는 건 옳지 않다고 생각한다.

하지만 크리스천일수록 간단한 호흡근 훈련에 더욱 열심을 내야 한다. 왜냐면 내 몸을 주신 분은 하나님이시고, 나는 청지기 사명을 가진 자로서 잘 가꾸고 관리할 책임이 있기 때문이다. 크리스천은 영성만이 아니라 몸을 관리하는 일에도 게으르면 안 된다.

○ 기도와 묵상(명상)

예민한 사람은 걱정이 많다. 그러므로 항상 성경 말씀에 비추어 빛나가는 생각을 조율해야 한다('조율'은 인지행동치료의 핵심이다). 우리는 불충분한 근거들로 부정적인 생각을 뒷받침하고 걱정을 증폭시키곤 한다. 그럴 때 '이 걱정이 과연 합리적일까'를 자문하며 말씀에 비추어 내 생각과 감정이 벗어난 부분을 잡아내고, 그것을 성령님의 도우심으로 바로잡는 시간이 바로 Q. T. (Quiet Time)다. 매일 말씀 묵상으로 생각과 감정을 점검하는 건 인지행동치료를 스스로 매일 하는 것과 같다(물론 이것이 우리가 Q. T. 를 하는 동기나 유익의 전부는 아닐 것이다).

해결하지 못한 감정
처리하기

우리는 자라면서 "과거는 과거로 묻어둬", "긁어 부스럼 만들지 마"라는 말을 자주 듣는다. 그럼에도 나를 끊임없이 괴롭히는 감정들, 계속 떠올라서 평정심을 잃게 하는 과거의 일들이 있다. 부부가 싸울 때도 과거에 서로 상처를 준 사건 사고가 단골 메뉴로 등장한다.

대체 왜 자꾸 과거를 곱씹을까? 해결하지 못한 감정은 유효 기간이 없는, 미해결 과제(Unfinished Business)이기 때문이다. 과거의 감정은 현재에 엄청난 영향을 미친다. 그러므로 상처를 받은 사람은 그것이 여전히 '유효 감정'임을 인지해야 한다.

삼십 대 한 직장 여성이 상담을 받으러 왔다. 아버지가 일찍 돌아가신 후 줄곧 어머니와 살면서 모녀 사이에 갈등이 심했다. 특히 어머니가 물건을 버리지 않고 방에 쌓아두는 일로 많이 다투었다. 그녀는 쓰지도 않는 물건을 계속 주문하는 어머니가 이해되지 않는다고 했다. 어머니를 부양하며 결혼도 늦어지고 있는데, 어머니가 자신이 주는 생활비를 맘대로 쓴다고 생각했다.

모녀는 자주 말다툼을 하며 상처 주는 말을 주고받았다. 그러다가 관계가 점점 멀어져 서로 말을 하지 않는 상태가 지속됐다. 그녀는 상담을 받으며 자신이 어머니와의 관계 때문에 공허하다는 걸 깨닫고는 말했다.

"엄마와 화해해야겠어요. 오늘 가서 얘기해볼게요."

나는 그녀의 손을 잡고 말렸다.

"아니, 지금은 아니에요. 어머니는 아직 준비되어 있지 않아요."

왜 내가 어머니와 당장 이야기하고 싶어 하는 딸을 말렸을까?
화해할 때는 상대의 입장도 생각해야 하기 때문이다. 본인은 상담
을 통해 깨달았지만, 상대는 아직 준비되지 않았을 수 있다. 섣불
리 상대가 내 이야기에 공감해줄 걸 기대하며 맘속 상처를 다 꺼냈
다가 이런 말을 들을 수 있다.

"어? 나는 기억이 잘 안 나는데."

"그게 뭐 중요한 거라고 아직도 기억하고 있니?"

"다들 그러고 살아."

"혼자 또 예민하게 저런다."

용기 내어 손을 내밀었는데, 예상과 전혀 다른 시큰둥하고 냉담
한 반응이 돌아오면 제2의 상처를 입는다. 결국 나만 예민하고 억
울하고 상처 잘 받는 사람이 되고 만다.

그래서 상대와 쌓인 감정과 문제를 해결하고 싶은 이들에게 우
선 '감정 클리어 리스트'를 써보길 권한다. 내 감정을 글로 적어보
고 상대가 준비될 때까지 기다리라고 한다. 물론 언제 준비될지는
아무도 모른다. 그러나 이 작업을 통해 내 마음이 정리되고 태도
가 바뀌면 상대의 반응도 바뀔 수 있다.

나도 엄마와의 관계에서 상처받는 일이 있다. 혼자 계시는 엄마

와 종종 여행을 다녀오는데, 꼭 여행을 잘 마치고 돌아오는 길에 허심탄회하게 과거 이야기를 꺼냈다가 본전도 못 건지고 상처만 더 받곤 한다. 그래서 나도 감정 클리어 리스트를 작성하며 마음을 고쳐먹었다.

'그래, 엄마는 돌아가실 때까지 바뀌지 않을 수 있어. 하지만 엄마와 지금까지 동행한 시간이 너무 좋고 감사하니 계속 이렇게 함께해야겠다.'

그때부터 '엄마의 이런 모습도, 저런 모습도 다 엄마구나'라고 여길 수 있었다. 내게 상처를 준 대상이 아닌 한 여성으로서 바라보고 이해하자 엄마의 개별성을 인정하게 된 것이다.

○ 감정 클리어 리스트 작성하기

일종의 심리치료법으로 진료실에서도 감정이 북받칠 때마다 적어보기를 권한다. Q. T. 할 때 혹은 일상에서 떠오를 때 틈틈이 적어두면 좋다.

1) 그 일의 발화 원인이 무엇인가?

내가 상처받은 상황을 떠오르는 대로 적어보자. 상대의 심한 말이나 상처가 된 행동, 표정, 말투 등 사소한 부분까지.

2) 그 일이 내게 영향을 미친 건 언제부터인가?

발화 시점(일이 발생한 시점)과 인지 시점(그 일이 내게 영향을 미치는 걸 안 시점)을 적어보자. 감정을 파악하다 보면 '아, 그 일 때문에 그랬던 거구나', '이래서 내가 상처받았던 거구나' 하며 커다란 그림의 퍼즐 조각을 맞추듯이 객관적으로 상황을 이해할 수 있다.

내 감정은 내가 헤아려야 한다. 외면하고 싶은 상처로 인해 순간순간 고개를 드는 부정적인 감정은 유통 기한이 없다. 비록 타임머신을 타고 돌아갈 수는 없지만, 아무도 읽어주지 않은 상처난 감정을 꺼내 마주하고 스스로 헤아리는 것만으로도 심리치료 효과가 있다. 상처받은 때의 객관적 상황을 이해하고 부수적으로 따라오는 나만의 주관적 해석을 찾아내는 것이다. 예민할수록 객관적 상황에 주관적 해석을 덧붙이게 된다.
'나만 사랑받지 못했어.'
'나를 무시한 거야.'
'엄마는 항상 똑같아.'
하지만 주관적인 해석은 상처에 기인한 비합리적인 생각이며 부정적이고 한쪽으로 치우친 극단적인 해석이므로 예민함의 원인이 된다는 사실을 기억하자.

내 마음 ♥ 응급처치

덜 예민해지고 싶다면 라이프스타일을 바꿔보는 게 도움이 된다.
단기 목표를 세우고, 감정 클리어 리스트를 작성해보자.

1. 라이프스타일 바꾸기(ex. 예민해질 때마다 몸 움직이기, 샤워나 산책을 하면
   서 감정 환기 시키기 등)
   • 하루 : _____
   • 일주일 : _____
   • 한 달 : _____

2. 지금 화가 나고, 마음이 아프고, 불안하다면 감정 클리어 리스트를
   작성해보자.
   • _____
   • _____
   • _____
   • _____

1) 내 마음이 이런 이유는 무엇인가?

   _____

2) 이것이 내게 영향을 미친 건 언제부터인가?

   _____

ⓠ 불우한 가정환경 때문에 우울해요

아픈 아버지와 떨어져 살았고, 폭력성 있는 엄마 밑에서 자랐습니다. 오빠도 건강이 안 좋고요. 가정환경 탓인지 우울증이 저를 괴롭힙니다. 우울증 때문에 1, 2년은 무기력한 백수 생활을 했어요. 이십 대에 하나님을 인격적으로 만난 후 삶도 변화되고 나름 발버둥 치며 살았는데, 우울감에 무너져 내릴 때마다 좌절하게 돼요. 취업, 연애, 결혼도 놓치고 삼십 대 후반이 되니 희망 없이 은둔해 있기만 하네요.

ⓐ 전문가의 도움을 받으며 상처 준 사람을 위해 기도해요

마음 아픈 사연이지만 굉장히 흔한 일이기도 합니다. 많은 사람이 '요즘도 폭력 가정이 있을까'라고 생각하는데 많은 게 현실이에요. 크리스천 가정도 예외가 아니고, 심지어는 목회자 가정에 폭력이 발생하기도 합니다.

흔히 직접 때리거나 뉴스에서 다루는 것만 '폭력'으로 생각하기 쉬워요. 그러나 폭력 행위를 목격하는 것 또한 폭력을 당한 것과 다름없어요. 예를 들어 부모가 물건을 던지거나 아빠가 엄마에게 화내는 모습을 아이들이 목격한다면, 아이에게 직접 물건을 던지거나 화를 내진 않았지만 그 자체로 폭력에 노출된 거지요.

폭력 가정에서 자란 사람에게는 두 가지 성향이 나타납니다. 하나는 폭력을 답습하는 경우예요. 이런 사람은 작은 일에도 화를 내고 조금만 무시당하는 기분이 들어도 피해 의식으로 화가 치밀곤 합니다. 당연히 관계를 지속하기 어렵고 동성이든 이성이든 친밀해지기 전에 사이가 틀어지기 쉽지요.

또 권위자에게 이성적이지 못하고 화를 내기도 해요. 예를 들어 학교 선생님이나 교회 목사님 또는 회사 상사 등에게 작은 일에도 시비를 걸거나 못마땅해하고 예의 바르지 못한 행동을 하곤 합니다. 그래서 원만한 사회생활이 어렵고 대인 관계나 교회 생활에서도 부정적인 생각에 빠져 행복과 만족감을 잘 느끼지 못하지요.

다른 하나는 무기력해지는 경우예요. 이런 사람은 폭력성이 자신에게 내재되어 자신을 공격하곤 하지요. '나는 별 볼 일 없는 놈이야. 나는 이런 것도 못 해. 이런 내가 뭘 잘할 수 있을까. 나는 희망이 없어'라고 생각하며 심한 경우 자살에 이르기도 해요.

요즘 아무것도 하기 싫고 움직이기도 싫고 도전하기도 싫은 청년들이 참 많아요. 오죽하면 삼십 대가 지난 성인 자녀와 함께 사는 법을 강의해달라는 부모들의 요청이 종종 있을 정도입니다. 그러나 불우한 가정에서 자랐다고 반드시 우울증이 오는 건 아니에요. 다음 세 가지 처방을 실천해보길 바랍니다.

1. 생각을 과거에서 미래로 바꿔보기

상처받은 일을 자꾸 되뇌거나 자기 연민에 빠지지 마세요. 그러면 더 깊은 우울의 상태로 들어갑니다. 상처 묵상하기를 과감히 끊어 내고, 우울의 자리를 털고 일어나세요. 교회 모임에서 상처받은 이야기를 반복하거나 심리상담 전문가와도 과거 이야기에만 머물지 말고, 생각을 과거에서 미래로 향하도록 바꾸어보세요.

2. 내게 상처 준 사람을 위해 기도하기

보통 상처를 받으면 하나님께 치료해달라고 울부짖는 경우가 대부분이에요. 그러나 반대로 내게 상처 준 그를 위해 기도할 때 이후의 일은 하나님이 책임져 주십니다. 비록 부모에게 안 좋은 감정이 있더라도 그들을 위해 기도해보세요. 그러면 부모를 대할 때 내 마음가짐이 바뀝니다. 물론 쉽진 않겠지만, 조금씩 변화할 때 예민함도 확실히 줄어들 거예요.

3. 전문가의 도움을 꼭 받기

크리스천이 정신과를 찾지 못하는 가장 대표적인 이유는 신앙으로 이겨내야 한다는 생각 때문이에요. 물론 신앙이 줄 수 있는 치유와 변화가 분명히 있지요. 하지만 몸이 말을 안 듣는 단계에선 뇌의 문제이므로 전문가의 도움을 꼭 받아야 합니다. 우울증 진단기준은 2주 이상인데, 2년이 넘으면 응급 상황이에요. 저절로 좋아지기를 막연히 기다리다가 우울의 늪에 더 깊이 빠질 수 있어요. 조금이라도 빨리 회복할 수 있도록 전문가의 도움과 약물치료를 받기를 권합니다.

인간관계에 어려움을 느낍니다

때론 인간관계가 다 소용없고 귀찮다는 생각이 듭니다. 배려받지 못하거나 무시당하는 느낌이 들 때 화가 치밀어요. 특히 엄마의 계속되는 무시와 폭언이 싫어서 엄마랑 하루에 한마디도 안 할 때도 많아요. 또 좋아하는 이성이 있어도 회피하고, 연애도 6개월을 넘기지 못해요. 제가 이상한 걸까요?

A **상처를 인정해야 치유가 시작돼요**

무시와 폭언을 계속 들으면 망치로 뇌를 맞는 듯한 충격을 받는다고 해요. 이를 외상 후 스트레스 장애(PTSD, Post-Traumatic Stress Disorder)라고 하는데, 생명을 위협할 정도의 극심한 스트레스와 정신적 외상을 경험하고 나서 발생하는 심리적 반응을 말합니다.

직접 머리를 맞거나 교통사고를 당해야만 외상을 입는 게 아니라 지속적인 무시와 폭언으로 인한 정신적 외상도 뇌의 신경전달물질의 균형을 깨뜨려서 엄청난 후유증을 낳습니다. 이는 몸이 기억하기에 새로운 인간관계를 맺을 때 대인기피증을 유발하거나 계속되는 증상으로 자존감이 밑바닥까지 떨어지기도 하지요.

외상 후 스트레스 장애는 마음으로 이해하고 용서하려 해도 몸이 기억하는 아픔을 나타내는 거예요. 즉 내 몸이 아프다고 말하는 거지요. 그러므로 상처를 받았다면 그것을 인정해야 치유가 시작됩니다. 인정하지 않고 버티는 건 인간의 육체가 연약함을 인정하지 않는 교만일 수 있어요. 다음 네 가지 처방을 드릴게요.

1. 회피하기보다는 감정을 쏟아내기

시편 속 다윗이 감정을 쏟아내는 모습을 보면 마치 정신과 상담실을 엿보는 듯해요. 다윗처럼 하소연하고 감정을 환기하는 게 정말 중요합니다. 하나님은 인간의 연약함과 상처받은 감정 표현을 다 헤아리는 분이세요. 가까운 사람에게도 표현하지 못한 여러 감정을 그분 앞에서 쏟아내세요. 그리고 당장 실천할 수 있는 일들, 예를 들어 음악을 듣거나 산책을 하면서 다른 것에 집중해보세요. 안 좋은 감정은 수시로 찾아오지만 바람처럼 왔다가 사라진답니다.

2. 잠잠히 하나님 음성을 들어보기

저는 기도 중에 '너는 참 소중하다'라는 말씀을 받았어요. 머리로는 아는 얘기였지만 주님이 그 마음을 주시니 비로소 제 안의 쓴 뿌리가 해결되었지요. 물론 단번에 일어나는 일은 아니에요. 그 후에도 말씀을 통해 하나님의 사랑을 매일 알아가면서 내게 상처를 준 그를 위해 기도할 수 있게 됐어요.

주님은 그분과 친밀하게 소통하는 자녀를 놀랍게 치유하십니다. 기도할 때 내 이야기만 하지 말고 조용히 하나님께 귀를 기울여보세요. 그분이 주시는 마음을 붙드는 경험을 꼭 하길 바랍니다.

3. 상처받지 않기로 선포하기

상대나 상황을 원망할 시간에 상처받지 않기로 선포해보세요. 상대는 나와 입장이 달라요. 어머니는 본인이 딸에게 상처를 준 사실

조차 모를 수 있어요. 자기 삶이 힘드니까 분노를 조절하지 못하고 가까운 사람에게 상처를 주는 거지요. 그러니 받은 상처에 집중하여 괴로워하기보다 상대를 불쌍히 여기고 더는 상처받지 않기로 선포하세요.

4. 나를 최우선으로 보호하기

어머니의 폭언이 지속된다면 자신을 최대한 보호하세요. 또 어머니를 자극하지도 말아야 합니다. 서로 감정의 쓰레기통이 되면 안 되니까요. 잠시 거리를 두며 회복할 시간을 갖는 것도 방법입니다. 하루에 한마디도 안 하는 날들이 서로에게 상처를 치유하는 시간이 될 수도 있어요. 도저히 잊히지 않을 것 같은 일도 가족 간에는 시간이 지남에 따라 희미해지기도 해요.

크리스천일수록 사랑하는 사람에게 상처 주지 않는 연습이 필요합니다. 상대의 입장을 한 번 더 생각해보세요. 부모는 자녀의 입장, 자녀는 부모의 입장, 아내는 남편의 입장, 남편은 아내의 입장이 되어보는 지혜로운 크리스천으로 성장하길 기도합니다.

3
chapter

자존감이 꼭 높아야 할까?
_자존감 안정성

상처를 튕겨내는
마음의 근육

2016년 《혼자 잘해주고 상처받지 마라》를 펴냈을 때 한창 '자존감' 열풍이 불었다. 자존감은 일반적으로 '자신에 대한 긍정적 신념'을 말한다. 자신을 긍정한다는 건 뭘까? 바로 내 모습 그대로를 받아들이는 것이다. 좋은 점만 선택하는 게 아니라 장점은 장점대로, 단점은 단점대로 고유한 특성을 인정하는 태도다.

예를 들어, 꼼꼼한 성격이라면 실수를 적게 한다는 장점뿐 아니라 조금 느리고 생각이 많다는 단점도 받아들이는 것이다. 마치 동면의 양면처럼 내 모습 그대로를 함께 받아들이는 게 '자기 긍정'이다.

나는 자존감을 '상처를 튕겨내는 마음의 근육'이라고 정의한다.

어떤 상황에도 흔들리지 않고 평정심을 유지하되 자기를 잃지 않고 상처를 튕겨낼 수 있는 마음의 단단한 근육 말이다.

그런데 자존감을 성적 올리듯이 꼭 올려야만 할까? 사실 정신과 의사도 내담자에게 "당신은 이래서 자존감이 높다, 이래서 낮다"라고 단정 지어 말하지 않는다. 자존감은 특정 면만 보고 가늠할 수 없기 때문이다.

앞서 '예민한 게 꼭 나쁜 걸까?'라는 주제에서는 자신의 예민함을 받아들이되 스스로 해를 끼치지 않는 유리한 선택을 하는 게 중요하다고 말했다. 자존감도 마찬가지다. 자존감은 높고 낮음이 중요하지 않다. 자존감이 낮다면 그걸 받아들이고 상처를 덜 받도록 대비하면 된다.

자존감이 높다고 무조건 좋은 것도 아니다. 류샹핑의 《자존감이라는 독》에 의하면 자존감 높은 사람의 안 좋은 예로 '안하무인'(眼下無人)을 들었다. 이들은 다른 사람을 신경 쓰지 않고 자기만 옳다고 생각해서 내 뜻을 상대에게 강요하며 상처 줄 때가 많다고 했다.

반면에 자존감 낮은 사람의 좋은 예로, '분위기 메이커'와 '오지라퍼'(남의 일에 지나치게 상관하는 사람을 이르는 말)를 들었다. 이들은 남의 눈치를 보기에 집단에서 분위기를 이끌고 주변 사람을 잘 챙기며 자신과 비슷한 자존감 낮은 사람을 세심히 이끌어준다고 했다.

이처럼 자존감이 높다고 마냥 좋은 것도, 낮다고 나쁘기만 한 것도 아니다. 나는 이 부분을 수년간 연구하면서 자존감의 핵심은 높고 낮음이 아니라 '안정성'임을 알게 되었다.

본래 이미지의 회복

우리 병원이 운영하는 심리치료센터 이름은 '굿이미지'이다. 여기에는 God's Image(하나님의 형상), 곧 하나님으로부터 받은 고유한 모습을 온전히 회복하고 받아들이고 사랑하자는 의미가 담겨있다.

하나님은 사람을 그분의 형상대로 창조하셨다(창 1:27). 그런데 우리는 외부의 메시지나 사회적 편견, 자존감을 상하게 하는 부모의 말 등으로 왜곡된 자아상을 갖고 살아간다. 때론 우리도 누군가에게 상처 주는 말을 하며 그의 자존감을 상하게 한다(언제나 피해자임과 동시에 가해자가 될 수 있기에 늘 말과 행동을 살펴야 한다).

그래서 하나님께서 사람을 창조하시며 "보시기에 심히 좋았더라"라고 하신 가장 아름다운 본래의 이미지를 회복하고 사랑해야 한다. 또한, 하나님이 주신 은사를 땅에 묻어두지 말고 하나님나라를 확장하는 데 전념해야 한다.

회복 탄력성 resilience	자존감 self-esteem	실존적 삶 existential living
하나님의 형상 회복	있는 그대로의 내 모습	자유로운 내 삶

굿이미지 심리치료센터에서는 수년간 '자존감 파티'를 열어왔다. 자존감이 낮은 사람들이 모여 서로 있는 그대로의 모습을 인정하고 기념하자는 취지의 프로그램이다. 적게는 50명, 많게는 80명까지도 모여 강의를 듣고 소그룹 모임을 한다.

나는 한 중년 남성 환자를 자존감 파티에 초대했다. 그는 한때 사회적 활동을 왕성하게 하다가 경제적으로 재기 불능의 상황을 맞았다. 결국 주변 인맥이 끊어지고 사회적 단절이 지속되던 중 우울증이 찾아와 치료를 받고 있었다.

처음엔 참석자의 대부분이 여성이라 그가 어색해할 줄 알았는데 잘 적응하는 모습이 보기 좋았다. 직장생활을 오래 했기에 사람들 앞에서 이야기도 잘했다. 그는 소그룹에서 자기 이야기를 나누면서 자신감 넘쳤던 과거의 모습을 다시 발견했다고 말했다.

이처럼 제삼자에게 내 이야기를 털어놓으면 객관적으로 자신을 보게 되고 현재 처한 상황을 이해할 수 있다. 소그룹 모임에서 얻을 수 있는 심리치료 효과다.

자존감 파티에 참석한 다른 사람들도 진행자인 내가 말할 기회가 없을 정도로 말을 잘했다. 한 참가자에게 물었다.

"어떻게 말을 이렇게 잘해요?"

그가 밝은 표정으로 말했다.

"친구나 가족에게 못 하는 이야기를 여기서는 할 수 있잖아요. 그러려고 모인 거니까요."

자신의 어떠함을 평가받지 않는 자리에서 제삼자와 함께 내 마음을 탐구하는 게 얼마나 유익한지 절감했다. 나는 생각했다.

'진정한 자기 돌봄은 소속감을 느끼며 누군가에게 이해받는 데 있구나. 우리에게 진짜 필요한 건 나눔의 경험이구나.'

나는 하나님나라가 자존감 파티와 같을 거라고 믿는다. 교육하거나 혼내는 게 아니라 '너도 이런 부분이 부족하구나. 나도 그래. 우리 서로 채워주자', '네게 이런 좋은 면이 있구나. 정말 훌륭하다'라며 서로 세워주고 기념해주는 곳 말이다.

내적 자존감과 외적 자존감

미국 심리학자 매슬로(Maslow)는 자존감을 내적 자존감과 외적 자존감으로 구분했다. 내적 자존감은 '내가 나를 어떻게 평가하는가'에 따라 형성되고, 외적 자존감은 '다른 사람에게 어떻게 평가되는가'에 따라 형성되는 것으로 사회적 관계 속에서 받은 평가가 모여 이루어진다.

이처럼 사람은 외부의 영향에 민감하게 반응하고 끊임없이 상호작용을 하기에 혼자의 힘으로는 자존감을 완성할 수 없다. 예를 들어, 나는 굉장히 만족스러운 보고서를 작성했는데 상사가 처음부터 다시 해오라고 하면 자존감이 바닥을 치게 된다. 반대로 부족한 보고서라고 생각하며 제출했는데 칭찬을 받으면 없던 힘도 생긴다.

그래서 건강한 환경과 건강한 관계 맺기는 자존감 형성에 매우 중요하다. 자존감이 안정되어야 관계에서 상처를 덜 받기 때문이다. 간혹 모든 걸 갖춘 듯한데 내적 자존감이 낮은 사람이 있다. 여러 요인이 있겠지만, 대부분 어릴 적 성장 환경이나 사회적 메시지로 인해 자신을 굉장히 낮게 평가하고 깎아내린다. 내적 자존감이 낮은 사람은 다음과 같은 특징이 있다.

◦ 말 한마디에도 상처를 받는다

상대의 말 한마디에도 기분이 오르락내리락하는 '유리 멘탈'이다. 한번은 비만클리닉에 내원한 여성이 이렇게 말했다.

"저는 체중이 1킬로그램이라도 줄면 자존감이 확 올라가고, 체중이 조금이라도 늘면 온종일 우울해요."

그녀는 전문직 여성으로 누군가가 "옷이 그게 뭐야?"라고 한마디만 해도 집에 가서 옷을 갈아입고 올 정도로 사람의 말에 일희일비했다. 내적 자존감이 낮아서였다.

◦ 선택과 결정에 자신이 없다

환자를 상담하다 보면, 이런 말을 많이 한다.

"제가 결정장애가 있어서 잘 모르겠어요."

또 과거에 한 선택을 종종 후회한다.

"그때 그럴 걸 그랬어요."

미래에 대한 걱정도 많다.

"집을 샀다가 집값이 떨어지면 어떡하죠? 다른 사람들은 다 오르는 것 같던데…."

이들은 과거의 후회와 미래에 대한 불안 때문에 '지금 여기' 있는 자신에게 집중하지 못한다.

◦ 자신에게 불리한 선택을 많이 한다

머리로는 해롭다는 걸 알면서도 무의식적으로 자기 파괴적 선택을 반복한다. 예를 들면, 시험 전날 책을 덮어버리고 도망치듯 자버리거나, 이성 교제할 때 자꾸만 나쁜 남자(여자)에게 끌리거나, 이 사람이 아닌 줄 알면서도 관계를 끊어내지 못하거나, 폭음, 음주운전, 폭식을 반복하는 등 자신에게 해로운 선택을 한다.

자존감 안정성
만들기

　　나는 이들에게 '자존감 안정성'을 키우자고 말한다. 자존감은 안전한 주식처럼 변동성이 없는 게 중요하다. 자존감 안정성이 있는 사람은 단기간에 변화하는 '자존감 변동폭'이 크지 않아 일희일비하지 않는다. 그러기 위해 다음 두 가지를 권한다.

◦ 자기 소외감 없애기

　　어떤 모임에 갔을 때 홀로 겉돈다고 느낀 적이 있는가? 아무도 날 따돌리지 않았는데 소외된 기분이 들 때 말이다. 그럴 땐 자신을 스스로 소외시키고 있는 건 아닌지 생각해봐야 한다.

　　소외감을 느끼면 두 가지 행동 양상이 나타난다. 첫째는 지나치게 말을 많이 한다. 막 웃고 활발한 척 떠들고 누군가의 기분을 맞춰주려 노력하지만 실상 자신이 무슨 얘기를 하는지 모를 때가 많다. 둘째는 반대로 한마디도 하지 않고 움츠러들거나 속으로 '재는 왜 저런 이야기를 하지, 저건 틀렸어'라고 다른 사람을 평가한다. 이 두 가지는 모두 진짜 자기 마음이 아니다.

　　자기 마음을 숨긴 가짜 모습으로는 어디서도 소속감을 느낄 수 없다. 모임에서 소외감을 느끼는 건 그 모임에 문제가 있는 게 아니라 '진짜 나'로 존재하지 못했다는 반증이다.

공동체에 소속감을 느끼며 함께하고 싶다면 진짜 내 모습으로 존재하자. 내 눈에 내가 맘에 들든 안 들든, 누가 어떻게 평가하든 개의치 말고, 오늘 내 상태 그대로 있어보자. 진정 함께하는 관계라면 진짜 자신을 소외시키거나 애써 본래 마음을 감출 필요도 없다. 가짜 모습으로 사느라 진짜 자기를 놓치는 일은 없어야 한다.

◦ 내 것에 집중하기

요즘 젊은 세대가 많이 쓰는 말 중에 '상박감'(상대적 박탈감)이 있다. 이는 내 기준과 현실 사이 괴리감으로 마땅히 가져야 할 걸 갖지 못했을 때 생기는 불쾌감을 말한다. 근래에는 SNS로 인해 이런 감정이 극대화되는 양상이다. 자존감이 깎이고 현실에 불만만 쌓여간다.

'남들은 다 행복하게 잘 사는데 내 삶은 왜 이 모양일까?'

한번은 아파트를 팔고 나니 집값이 올라 화병이 난 분을 상담했다. 그는 이미 가진 게 많음에도 다른 사람이 번 돈만 쳐다보다가 과민성 방광염까지 걸리고 말았다.

이 외에도 상대적 박탈감을 느끼는 경우는 매우 다양하다.

"나는 학자금 대출을 갚기 위해 아르바이트를 두 개나 하는데, 친구는 부모님이 뽑아준 새 차를 몰고 왔어요."

"나는 몇 년째 공무원 시험 준비를 하고 있는데, 친구는 원하는 직장에 한 번에 붙었대요."

"친한 친구는 결혼하는데 내 곁에는 아무도 없어요."

나는 이들에게 숙제를 낸다.

"자신의 장점을 적어오세요."

그런데 한 여성은 자신의 장점을 한 번도 생각해본 적이 없다고 했다. 그녀는 소심한 성격에 친구도 별로 없고 조용한 편이었다. 나는 그녀의 손을 잡고 말해주었다.

"장점과 단점은 동전의 양면과 같아요. 소심한 성격은 신중하고 진지한 면이 있고, 속 얘기를 나눌 친구 한두 명이 있다는 건 엄청난 자산이지요. 사람은 보통 자기 이야기만 하는 친구보다는 내 이야기를 잘 들어주는 조용한 친구를 더 좋아한답니다."

여기에 덧붙여 가족, 친구, 물건, 사진, 취미 등 내가 가진 것도 써보길 권한다. 그러면 많은 내담자가 적을 게 없다고 말한다. 나는 주변 사람에게 물어서라도 자신의 장점을 적어오라고 한다. 실제로 가족이나 자녀에게 내 장점이 무엇인지 물으면 정답을 얘기해줄 때가 많기 때문이다.

이렇듯 힘겨운 과정을 거치더라도, 직접 적다 보면 자신의 장점과 가진 것이 꽤 많다는 걸 알게 된다. 더 나아가 '나'라는 보석을 과소평가하고 남들은 보지도 않는 결핍과 흠만 확대해서 보았다는 걸 깨닫는다.

내 것에 집중하면 남의 것이 보이지 않는다. 비교는 내가 가진게 없어서가 아니라 내가 가진 걸 외면하고 모른 척할 때 나타난다. '상대가 무엇을 얻었느냐'를 보지 말고 '내가 무엇을 가지고 있느냐'에 집중해보자.

자존감의
뿌리

크리스천의 자존감은 세상의 것과는 차원이 다르다. 나는 찬송가 429장 〈세상 모든 풍파 너를 흔들어〉를 참 좋아한다. "받은 복을 세어보아라"라는 가사처럼 우리는 셀 수 없이 많은 은혜를 받았다. 그것을 날마다 세어보고 감사하고 기뻐한다면 상대의 말 한마디나 사소한 일에 흔들리지 않게 된다.

가장 큰 은혜는 거저 주어진 '하나님의 자녀 됨'이다. 하나님의 자녀라는 말의 진짜 의미를 아는가? 이는 단순히 입양의 개념이 아니라 현재의 보살핌과 함께 미래의 하나님나라에서 누릴 모든 권리를 상속받았다는 뜻이다. 사도바울은 이 권리를 제대로 누린 자존감의 대가였다. 그는 하나님 자녀로서의 정체성을 잊지 않고 어떤 상황에서도 자족할 줄 알았다. 결국 자존감 안정성의 뿌리는 하나님의 자녀 됨에 있다고 나는 믿는다.

나는 비천에 처할 줄도 알고 풍부에 처할 줄도 알아
모든 일 곧 배부름과 배고픔과 풍부와 궁핍에도
처할 줄 아는 일체의 비결을 배웠노라 **빌 4:12**

내 마음 ♥ 응급처치
ACTION PLAN

자존감은 늘 향상되어야만 하는 게 아니라 안정성이 중요하다.
결핍에 집중하기보다 내가 가진 것을 기억하고 적어보자.

1. 나의 대표적인 장점 혹은 내가 가진 것 세 가지 적어보기

_____

_____

_____

2. 가까운 사람에게 내 장점 세 가지 물어보기(가족, 친구, 연인 등)

_____

_____

_____

3. 위 두 가지를 실천한 후 새롭게 발견한 장점이나 가진 것을 적어보기

_____

_____

_____

Q 부모님의 심한 말 때문에 마음이 힘들어요

공부를 열심히 해도 성적이 안 올라서 속상한데, 부모님이 "공부가 제일 중요해!"라고 하면 제 모든 노력이 사라져버리는 것 같아요.

A **부모님의 낮은 자존감이 문제입니다**

공부가 안되는 것도 속상한데, 부모를 실망시켰다는 생각에 자녀는 또 한 번 좌절합니다. 모든 사람이 좋은 성적을 내거나 시험에 합격할 수는 없어요. 하나님께서는 우리에게 각자 고유한 장점과 재능을 주셨어요. 하지만 현실은 다양성보다 성적만 강조하며 획일화되어 있지요. 한 아이가 이런 말을 했어요. "원장님, (획일성을 강조하는) 이런 상황에서 제대로 공부하는 애들이 더 비정상 아니에요?"

부모가 아이의 성적이 오르면 기뻐하고, 조금이라도 떨어지면 실망스러운 표정을 짓거나 한숨을 쉬고, 과외를 서둘러서 바꾸는 등 성적에 일희일비하는 모습을 보이면 자녀는 자신이 부모에게 용납되지 않는다고 느껴요. 부모의 반응 하나하나가 자녀의 자존감에 큰 영향을 미치지요. 자존감 안정성도 낮아져요.

그렇다면 부모는 왜 자녀 성적에 연연할까요? 바로 그들의 자존감이 거기에 달려있기 때문이에요. 예를 들어 부모에게 학력 콤플렉스가 있거나, 부모의 가치 기준이 원가정에서부터 공부에 있었거나, 어릴 때부터 학벌이 좋아야 성공한다는 가치관이 심겼거나, 시댁이나 배우자로부터 아이의 학업비를 지원받을 경우에 뭔가 성과를 보여야 한다는 부담이 있는 등 다양한 내적 동기가 있을 수 있어요.

이런 상황에서 성적 압박에 시달리는 아이들의 심리는 어떨까요? 어려서부터 '나는 뭘 해도 엄마를 만족시킬 수 없구나…'라는 생각을 하게 돼요. 심지어는 부부 사이가 안 좋아도 아이는 '내가 공부를 못해서 그렇구나. 성적을 올리면 부모님이 기뻐하실 텐데…'라며 자기 탓을 하고 내적, 외적 자존감이 낮아집니다.

모든 사람이 공부를 잘할 수는 없습니다. 그렇다고 공부를 포기하라는 말이 아니에요. 공부는 결과도 중요하지만, 결과보다 과정이 의미 있습니다. 공부하는 습관은 청소년의 뇌를 발달시키고 무엇이든 도전하고 학습할 수 있는 능력을 훈련하는 데 의의가 있기 때문이지요. 그러니 남들보다 성적이 떨어진다고 공부를 포기하지 마세요! 그 과정만으로도 충분히 가치 있으니까요.

Q 엄마가 우울증으로 극단적인 선택을 했어요

엄마가 우울증으로 세상을 떠난 후 아빠는 제가 집안일을 하고 유치원생인 동생을 돌보길 원했어요. 하지만 당시 스무 살이던 저는 그 기대만큼 하지 못했지요. 아빠는 제게 늘 욕하고 자주 물건을 집어던지고 윽박지르고 분노했어요. 힘들어서 가출하고 싶어도 어린 동생을 두고 나갈 수가 없었어요. 지금은 학교를 졸업하고 회사에 다니는데 여전히 아빠는 모든 스트레스의 원인이 저 때문이라며 화풀이

를 해요. 저는 매일 죽고 싶지만 죽을 용기가 없어요. 모태신앙으로
교회는 다니지만 위로가 되지 않아요.

Ⓐ 치유되지 않은 원망이 신앙에서 멀어지게 해요

내 안에 자책과 원망이 있으면 마음이 닫혀요. 죽고 싶다고 말하는
속마음에는 두 가지 마음이 공존한다고 생각해요. 잘 살고 싶은 마
음과 현재 상황에서 도망치고 싶은 마음이요.

요즘 자살유가족 정신과 상담이 늘고 있어요. 갑작스러운 가족의 죽
음에 정상적인 애도 반응(부정, 분노와 비난, 절망, 수용과 타협의 4단
계)이 생기기보다 공격을 당하는 기분이 들고 우울증이나 또 다른 자
살로 이어질 가능성이 크니까요. 이들의 자살률이 일반인보다 4배나
높은 만큼 자살은 전염성이 강하고 유가족에게 씻을 수 없는 상처를
줍니다. 특히 크리스천 가정에서는 '자살하면 지옥 간다'라는 절망적
인 메시지와 수치심까지 더해지지요.

아버지도 아내를 갑자기 잃고 나서 올바로 애도하지 못하고 본인의
어려움을 자녀에게 풀었던 것 같네요. 아버지의 핍박을 받으면서도
슬픔을 홀로 견디며 집안일을 하고, 동생을 돌보고, 학교도 졸업해서
직장까지 다니고, 꿋꿋이 버텨준 걸 많이 칭찬해주고 싶어요.

그런데 사람이 너무 힘들 때는 어떻게든 버티는데 조금 회복되면 오
히려 그 여파로 우울해져요. 어느 정도 눈에 보이는 상황이 해결되면
눌러둔 감정이 한꺼번에 밀려오지요. 감정에는 유효 기간이 없습니
다. 그러니 과거의 큰 상처를 충분히 아파할 시간을 꼭 가져야 해요.

안 그러면 그 자책과 원망의 화살이 하나님을 향하게 되지요. 특히 우리는 하나님을 '아버지'라고 부르기에 부모상을 하나님께 투사합니다. 그래서 자기도 모르게 하나님에 대한 원망이 더 깊어졌는지도 몰라요. 공동체에서 마음을 열고 싶어도 잘 안 됐을 거예요.

어떤 사람은 "저는 신앙으로 해결할래요"라고 말해요. 이 말도 맞아요. 하나님께서 전적으로 개입하셔서 극적인 대면과 치유가 일어나기도 하니까요. 그러나 단번에 일어나지는 않습니다(교회에서도 자살 유가족 모임을 만들어 치료를 받게 도와주어야 해요). 치유되지 않은 원망은 신앙에서도 멀어지게 하기 때문이지요.

위급한 경우에는 마음의 치유를 위한 조기 개입(전문가의 도움을 받는 등)이 필요해요. 함께 울고 아파하며 회복을 돕는 심리치료를 받길 강권합니다. 상담 비용이 부담된다면 한국자살예방협회 또는 복지관에서 진행하는 상담을 신청해보세요. 동시에 하나님의 위로가 함께하셔서 속히 치유되고 회복하길 기도합니다.

4
chapter

왜 후회하면서 계속 먹을까?
_중독 벗어나기

스트레스와
비만의 상관관계

국내 최대 포털 사이트의 '식이장애' 커뮤니티에 굶기, 폭식, 구토 등 식사 행동 이상과 체중 압박에 대한 고민이 약 3만 건 이상 올라와 있다고 한다. 이처럼 먹어도 먹어도 배고프고, 먹고 나면 후회한다는 고민을 호소하는 사람들이 정말 많다. 비만클리닉을 운영하는 의사들이 가장 많이 듣는 이야기가 있다.

"저는 왜 후회하면서 계속 먹을까요? 식욕 없애는 약 좀 주세요!"

의사들 대부분은 식욕억제제를 처방하면서 고민한다.

'약을 먹으면 식욕억제가 잘돼서 약을 끊기 어려울 텐데…. 중독되기 쉬운 약물을 장기간 처방해도 될까?'

약을 먹으면서 굶는 다이어트는 식욕을 억누르기만 하다가 다이어트가 끝나면 용수철처럼 튀어 오르는 식욕으로 요요 현상이 반복되기에 약에 또다시 의존하게 만든다.

게다가 식욕억제제는 우울증과 공황장애, 불면증을 악화시키기에 정신과 약물을 복용하는 사람은 이를 함께 복용해서는 안 된다. 최근 한 방송에서는 향정신성(습관성 또는 중독성이 있어서 인간의 정신 기능에 영향을 미치는 성질) 식욕억제제(일명 나비약, 펜터민 제제)가 청소년에게 남용되는 걸 우려하는 내용을 다루었다.

그렇다면 식욕억제제 없이 어떻게 식욕을 조절할 수 있을까? 나는 약물 없이 식욕 줄이는 방법을 연구하면서 식욕과 연관된 뇌의 기전을 이해하게 되었다. 그리고 결국 식욕 조절은 스트레스를 다스리는 것에서부터 시작됨을 알았다[지난 10년간 대한비만미용치료학회(KAOT) 학술이사로 '식욕억제제 없이 식욕 조절하기'를 강의하면서 약으로 인한 불면, 우울, 불안, 정신병적 증상이 생기는 사례들을 소개하기도 했다].

'확찐자'(코로나19로 외부 활동을 하지 않아 살이 급격하게 찐 사람)라는 신조어가 생겼을 정도로 코로나바이러스감염증-19(이하 코로나19)로 인해 살이 쪘다고 호소하는 사람들이 많다. 대한비만학회의 통계에 의하면 전 국민의 절반 이상이 3킬로그램 이상 체중이 증가한 것으로 나타났다. 왜일까? 활동량이 줄어서이기도 하지만 스트레스가 주요 요인이다.

현 시국과 아주 비슷한 실험을 다룬 논문이 있다. 그 실험에서는 쥐를 가둬두고 스트레스를 주었더니 쥐가 움직이지 못하는 상태에서 계속 음식을 섭취하다가 비만이 되었고, 이를 통해 스트레스와 비만의 상관관계를 증명했다.

사람도 마찬가지다. 뇌는 스트레스를 받으면 쾌락 물질을 원한다. 그러면 즉각적 만족을 주는 음식을 찾게 된다. 과자나 인스턴트커피를 한 잔 마시면 바로 기분이 좋아진다. 그런데 거기서 끝나지 않고 자꾸 손이 가는 게 문제다. 즉각적 만족을 주는 물질은 중독성이 강하기 때문이다. 그 결과 많은 사람이 스트레스를 받아서 살이 찌고, 살이 쪄서 더 큰 스트레스를 받는다. 종국에는 다이어트 강박에 시달리며 아예 먹지 않다가 갑자기 폭식하는 식이장애에 이른다.

살 빼는 건 의지의 문제가 아니라 '감정'의 문제다. 배고픔은 위장이 아닌 뇌의 시상하부에서 느끼는데, 이 기관은 식욕뿐 아니라 성욕, 감정, 수면 등 인간의 본능을 조절한다. 그래서 만일 잠을 못 자거나 스트레스를 받거나 우울하고 화나는 일이 생기면 처음에는 살이 빠지는 듯하지만 결국 찐다. 배고픔을 조절하는 시상하부가 제대로 작동하지 않기 때문이다(식욕을 자극하는 호르몬 콜티졸이 분비되거나 인슐린 저항성이 복부지방을 증가시켜 비만이 되기 쉬운 몸 상태로 만든다).

그래서 갑자기 체중이 늘고 복부비만의 조짐이 보인다면 '내가 스트레스를 받고 있구나' 하고 몸 상태를 인지하고 마음을 다스리는 데 집중해야 한다. 살쪘다는 자체에 스트레스를 받지 않는 게 다이어트의 시작이다!

비만클리닉을 20년간 해오면서 "정신과 의사가 왜 비만 치료를 하는가"라는 질문을 많이 들었다. 물론 정신의학 교과서에 비만에 관한 챕터가 따로 있을 정도로 비만의 인지행동치료와 약물 파트는 비만 치료의 핵심이지만, 이 분야에 본격적으로 뛰어든 이유는 다른 데 있었다.

많은 여성 환자가(사실 대부분의 여성이 평생에 걸쳐) 다이어트 스트레스에 시달리고, 심한 경우 우울증에 빠지고 각종 강박과 식이장애를 앓는 걸 보면서 가볍게 여겨서는 안 될 중대한 문제임을 감지했기 때문이다.

또한 크리스천 정신과 의사로서 음식의 선택은 단순한 취향이 아닌 영적 훈련임을 깨달으며 더 깊이 들여다보기 시작했다. 우리는 늘 선택의 기로에서 내가 끌리는 것과 하나님이 원하시는 것 중 어느 것을 택할지 갈등한다. 자신이 원하는 걸 내려놓고 하나님이 원하시는 좁은 길을 갈 때 충분한 만족감과 배부름을 얻는다는 걸 알면서도, 눈앞의 유혹을 쉽게 뿌리치지 못한다. '무엇을 먹을까'에 있어서도 내 원함을 내려놓고 하나님이 기뻐하시는 걸 택해야 한다. 음식의 선택 역시 영적 훈련으로 여기면서 말이다.

음식을 향한 갈망과
마음의 상처

음식을 갈망하는 마음을 자세히 들여다보면 그 밑바닥에 '상처'가 있다. 상처가 나면 연고를 바르듯 마음의 상처를 음식으로 위로하는 것이다. 음식중독 환자를 상담해보면 어렸을 때부터 부모의 지적과 비난 속에 자랐거나 외모에 대한 상대적 박탈감으로 자존감이 낮은 경우가 많다.

폭식과 다이어트 스트레스로 상담받으러 온 이십 대 여성이 있었다. 그녀는 자꾸 음식 앞으로 '내몰리는' 기분이 든다고 했다. 폭식을 하는 공통된 상황을 살펴보니 그녀가 어머니와 갈등할 때였다. 폭식의 원인이 된 갈등 상황과 당시의 감정을 파악한 후에 이를 관리하는 능력을 키우도록 꾸준히 상담했다. 그러자 그녀는 점차 식욕 충동을 조절할 수 있었다. 그녀가 다이어트에 매번 실패한 건 의지의 문제가 아닌 마음의 문제였다. 그러나 스스로 의지가 약하다고만 생각했다고 한다.

일반적으로 폭식이나 거식과 같은 식이장애를 앓는 환자는 모녀(자) 관계에 갈등이 있는 경우가 많다. 이들은 구강기의 욕구가 채워지지 못한 것으로 무언가를 입에 물고 있어야 긴장이 완화된다고 느낀다.

예를 들어 유아기에 고무젖꼭지를 입에 물고 있어야 진정이 되는 분리불안이 나타나거나, 커서는 종일 젤리나 사탕을 입에 넣고 있어야 하거나 줄담배를 피우는 것도 비슷한 이유에서다. 또 시험 때 손가락을 빨거나 손톱을 물어뜯고 머리카락을 뽑는 등 불안을 완화시키는 자기만의 의식을 강박적으로 행하는 경우도 있다.

이처럼 폭식을 하거나 식욕을 억제하지 못하는 건 위나 의지의 문제가 아니라 뇌와 감정의 문제이고, 그로 인한 가짜 식욕이 주된 원인이다. 이를 깨달으면서 나는 마음의 상처와 결핍, 감정을 돌보는 상담을 지속했다.

폭식에 길들여진 식욕 중추가 정상 리듬으로 바뀌려면 항우울제인 세로토닌 재흡수 억제 약물이 필요한데, 이를 복용하면 거짓말같이 효과가 나타난다. 또한 폭식 재발 방지를 위해 감정을 다스리는 심리치료를 6개월에서 1년 정도 받는 게 필요하다.

뇌는 식욕 조절에 있어서 세 가지 역할을 한다. 첫째는 정상 식욕인 실용적 식욕(Homeostatic eating), 두 번째는 쾌락적 식욕(Hedonic eating)으로 '도파민 리워드 시스템'이 관여하여 특정 음식에 중독을 일으키게 하는 가짜 식욕이다. 세 번째는 행동을 일으키는 감정과 생각을 다스리는 행동 인지 역할(Executive function)이다. 이는 기분이 우울하거나 심심하거나 화가 날 때 음식으로 위로하려는 반복 행동 패턴, 즉 가짜 식욕의 행동 패턴이 어떻게 조건화되어 있는지를 살펴보는 것이다.

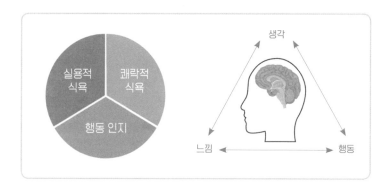

먹는 행동 이면에는 조건화된 감정과 생각이 있다. 예를 들어 직장인들은 '종일 일한 내게 이 정도 보상은 해줘야 한다'라며 퇴근 후에 평소 먹는 양의 두세 배를 한꺼번에 먹는다. 나는 직장 스트레스를 먹는 것으로 해소하려는 이들에게 농담처럼 말한다.

"그건 산재(산업재해)예요."

그 일을 하지 않았다면 덜 먹었을 테고, 성인병의 위험에 덜 노출됐을 것이기 때문이다. 음식중독에 빠지면 폭식을 합리화하기 시작한다.

'내가 좋아서 술을 먹는 게 아니라 친구들 때문이야.'

'이걸 먹지 않으면 잠을 못 잘 거야.'

'엄마는 음식 남기는 걸 싫어해.'

'주말에는 할 일이 없어서 입이 심심하니까.'

다이어트,
감정을 다스리는 시간

그동안 다이어트 심리서를 여러 권 출간했다. 스트레스와 식욕을 다룬 《나는 초콜릿과 이별 중이다》, 비만 환자와 폭식증 환자의 상담 내용을 담은 《그래서 여자는 아프다》를 냈고, 최근에는 건강한 식습관과 마음챙김 먹기를 통해 감정과 식욕의 연관성을 살펴본 《내 몸이 변하는 49일 식사일기》도 출간했으며, 이 책을 활용하여 7주 동안 '다이어트 챌린지'를 통해 온라인 집단치료를 시도하기도 했다.

또한 번역서인 《식욕 버리기 연습》, 《감정 식사》를 차례로 감수했다. 그중 미국 클리블랜드 클리닉의 임상심리학자인 수잔 앨버스가 쓴 《Eat Q》의 번역서인 《감정 식사》 추천 글에서 나는 "여러분, 다이어트 하지 마세요"라고 힘주어 말했다. 다이어트 책인데 다이어트를 하지 말라는 역설을 강조한 이유는, 그냥 먹고 싶은 걸 닥치는 대로 먹어도 된다는 말이 아니었다. 다이어트 비법에 매달리며 식단 관리와 운동에만 집중할 시간에 자신의 감정과 생각을 알아가라는 뜻이었다.

음식을 먹으면서 자신이 어떤 감정을 느끼는지 살펴보자. 그러면 폭식을 유발하는 감정이 불안, 우울, 분노, 외로움 등임을 알아차릴 수 있다. 이 모든 감정의 책임이 자신에게 있음을 알면 불쾌한 감정을 다스리고 음식을 조절할 능력이 생기면서 자존감도 높아진다. 그러면 체중계의 숫자에 집착하지 않을 여유가 생기고, 배고프지 않아도 먹을 걸 찾는 가짜 식욕의 매커니즘에서 벗어날 수 있다.

《감정 식사》의 감수에 참여하면서 나는 '마음챙김 먹기'(mindful eating)에 관심이 생겼다. 또한 '마음챙김'(mindfulness)과 명상의학 분야를 접하면서 미국의 비만 치료 관련 심리학자와 정신과 의사들의 책을 읽었다. 《살 빠지는 뇌》를 쓴 미국 정신건강의학 전문의 구가야 아키라도 마음챙김과 마음챙김 먹기를 가르친다.

나는 이 책들을 통해 다이어트에 대한 발상의 전환이 일어났다. 다이어트는 평생 끝나지 않을 고통이 아니라 오히려 자기 몸과 마음을 사랑하는 재충전의 시간이자 감정을 다스리는 시간이며, 나를 돌아보고 하나님과 가까워지는 시간이다. 그럴 때 비로소 다이어트에 성공할 수 있다.

다이어트를 오래 하다 보면 음식에 대한 거부감이 생기기 마련이다. 칼로리를 살피고 영양소를 따진다. 그런데 이런 꼼꼼함을 가장한 거부감은 다이어트에 방해될 뿐 아니라 스트레스를 불러온다. 사람과 관계 맺는 것처럼 음식과도 좋은 관계를 맺어야 다이어트뿐 아니라 '나 자신'과 좋은 관계를 유지할 수 있다.

일상을 파괴하는
식이장애

최근 외모의 중요성이 과도하게 부각되고 SNS가 발달하면서 여성들이 받는 다이어트 스트레스는 상상을 초월한다. 여학생들은 살찐 게 수치스러워 학교에 못 갈 정도고, SNS 속 비현실적인 여성의 모습과 자신을 비교하며 좌절하는 이들이 정말 많다.

어느 여대 화장실에는 "토하지 마세요"라는 문구가 붙어있고 한 통계에선 전체 여대생의 3분의 1이 식이장애를 경험했다고 응답했다. 일반적으로 십 대나 이십 대부터 과도한 다이어트를 한 후 요요 현상을 경험하며 고무줄 체중으로 평생 다이어트 압박에 시달린다.

다이어트의 심각한 부작용으로 식이장애가 나타나면 다이어트 강박, 외모 콤플렉스, 우울증, 대인기피, 인지기능 저하, 성격 변화, 학업과 취업 실패, 가족 갈등 등을 겪는다. 마른 체형을 선호하고 잘못된 신체상을 가질 수밖에 없는 사회환경에서 식이장애는 갈수록 늘고 있다. 폭식증을 10년 정도 앓은 한 여성은 식이장애로 이십 대를 허비했다며 암보다 무서운 질병이라고 표현했다.

사실 식이장애는 알코올중독만큼 스스로 끊기 힘들다. 알코올중독, 약물 중독인 뇌와 음식중독인 뇌는 같은 부분이 활성화되어 있다. 그래서 결코 가볍게 여겨서는 안 된다.

• 거식증 진단기준

1. 저체중임에도 음식 섭취 거부

2. 살찌는 것에 대한 심각한 두려움

3. 신체상(body image)과 체중에 대한 부정적인 인식

• 폭식증 진단기준

1. 짧은 시간에 폭식하는 행동 반복

2. 자제력 상실

3. 보상 행동(음식 섭취 후 과도한 운동, 구토, 단식 등)

• 폭식 장애 진단기준

1. 짧은 시간에 많이 먹음

2. 자제력 상실

3. 불편할 정도로 배가 부르게 먹음

4. 비정상적으로 빠르게 먹음

5. 배가 고프지 않을 때도 많이 먹음

6. 혼자 몰래 먹음

7. 먹고 나서 자책함

▶ 폭식 장애는 DSM-V(정신장애진단 및 통계 편람)에서 최근 추가된 질환명으로 폭식증보다 증상의 심각성과 빈도가 좀 덜한 상태다. 전 세계적으로 폭식 유병률이 계속 상승하며, 정신의학에서도 폭식

과 동반되는 현상을 예의주시하고 있다는 증거다.

외로움과
중독

"왜 이렇게 마음이 허전하고 외로운지 모르겠어요."

진료실에서 흔히 듣는 말이다. 예전에는 대가족이 함께 살면서 허전하거나 외로울 틈이 없었지만 급속한 개인주의와 스마트폰의 발달로 무리 속에 있어도 외딴 섬처럼 외롭고, 오히려 SNS 속 인간관계에 더 친밀감을 느끼기도 한다. 심지어 영국은 외로움을 사회문제로 인식하고 국가 기관을 만들어 '외로움부 장관'(Minister of Loneliness)을 임명했을 정도로 외로움이 몸과 마음의 건강을 위협하는 1순위로 등극했다.

한 환자가 밤새 미국 주식을 살피느라 잠을 설친다며 내원했다. 회사 일에도 지장이 있고 가족 관계에도 문제가 생겼지만 주식을 끊지 못했다. 사회적 계급 상승에 대한 욕망과 깊은 외로움이 맞물려 주식 투자에 중독된 거였다.

흔히 '중독'이라고 하면 알코올이나 마약 중독을 생각하지만 평범한 일상에서 흔히 볼 수 있는 스마트폰 중독, 드라마 중독, 설탕 중독, 다이어트 중독, 운동 중독, 여행 중독 그리고 최근 코로나19의 영향으로 등장한 배달음식 중독, 온라인쇼핑 중독까지 종류가 셀 수 없이 많다.

결론부터 말하면, 좋은 중독이란 없다. 공부 중독, 운동 중독, 독서 중독은 이롭다고 생각하는데 무엇이든 극단적인 건 해롭다. 모든 중독에는 순간적인 쾌감을 주는 '도파민'이라는 대뇌 신경전달물질이 관여한다. 그로 인해 잠깐은 만족하지만 도파민이 감소하면 쾌감을 찾는 행동이 강화되어 더 큰 욕구를 불러일으킨다. 순간의 쾌락을 채울 수는 있으나 영원한 만족은 얻지 못하는 것이다. 돈이든 성공이든 간절히 바라는 걸 얻으면 행복할 것 같지만 금세 또 다른 것을 갈망하게 된다. 그래서 많은 사람이 중독의 늪에 빠진다.

이와 관련하여, 한 실험에서 쥐가 레버를 누를 때 쾌감을 느끼는 뇌 자극을 주었다. 그러자 쥐들은 레버를 누르느라 먹지도 않고 번식행위도 하지 않았다. 그 뇌 자극은 도파민 분비를 촉진시켰는데 쾌락의 쳇바퀴에 갇힌 쥐들은 결코 행복해 보이지 않았다.

중독은 쥐나 인간을 행복하고 만족스러운 상태로 이끌지 못한다. 반대로 더 큰 쾌감을 더 열정적으로 갈망하게 만들어서 종국에는 자기 파괴적인 욕망에 지쳐버릴 때까지 치닫게 한다. 그 끝에는 공허함과 자괴감, 수치심만 남는다.

치료의 시작,
연약함을 인정하고 도움을 구하라

하나님은 아담과 하와에게 에덴동산의 모든 걸 허락하셨지만 선악과만은 먹지 말라고 명하셨다. 단 강제로 금하지는 않으셨다(창 2:16,17). 이 말씀을 묵상하던 중 하나님께 여쭈었다.

'왜 아담과 하와가 선악과를 따 먹을 때 말리지 않으셨어요? 왜 그들이 죄를 저지르게 내버려 두셨어요?'

죄 가운데 빠질 수밖에 없는 인간의 처지가 너무 속상했다. 그런데 그때 하나님의 사랑이 내 마음에 물밀듯이 밀려왔다. 그리고 깨달아졌다.

'우리를 사랑하셔서 강제로 막지 않으셨구나. 우리를 존중하시기에 막으실 수 있음에도 스스로 뜻을 굽히고 하나님의 뜻을 따르기를 바라신 거구나!'

모든 것이 가능하시지만 우리가 스스로 좋은 것을 선택하길 바라시는 그 깊은 사랑에 감격했다. 우리가 할 일은 하나님이 가장 좋은 걸 주신다고 신뢰하며 그저 순종하는 것이다. 그 뜻을 어기고 내 눈에 더 먹음직스러운 쾌락을 좇아도 결국 행복하지 못할 거라는 전적인 믿음으로 말이다.

한때 '율법'에 거부감이 컸던 나는 중독을 공부한 뒤 십계명이 다르게 보였다. 십계명은 하나님께서 주신 자유의지를 남용하지 않도록 우리의 몸과 정신을 보호하기 위해 그분이 쳐놓으신 최소한의 울타리이자 중독을 예방하기 위한 안전장치였다.

"안식일을 지켜라"는 일 중독 예방, "남의 것(남의 아내)을 탐하지 말라"는 쇼핑 중독(성 중독, 외도)을 예방하며, "부모를 공경하라"는 분노 조절을 다루라는 계명이다. 그 세심한 사랑과 보호하심에 또다시 감격했다. 이런 의미에서 십계명은 창조주가 제시하는 '인간 사용 설명서'이기도 하다.

오랫동안 식이장애 환자를 만나면서 그들의 영적 상태를 보았다. 마치 빙산의 일각처럼 표면적으로는 음식 섭취 문제만 나타나지만, 수면 아래에는 거대한 심리적 요인이 존재했다. 오래된 심리적 허기, 상처와 거절감, 회복을 향한 몸부림, 본능과 이성의 치열한 싸움에서 패배한 좌절감, 자기 몸에 대한 수치심이 켜켜이 쌓여 있었다. 이럴 때 더더욱 하나님께 나아가 치료받아야 하는데, 인간은 선악과를 따 먹은 아담과 하와처럼 수치스러우면 자꾸 숨으려 한다. 영적으로도 움츠러들고 교회와도 단절하게 된다.

미국의 유명한 정신과 전문의 다니엘 G. 에이멘이 했던 것처럼 나도 이런 상상을 해본다. 교회 공동체에서 건강한 음식 섭취와 운동을 독려하며 목표지향적 실천을 함께하는 것이다. 소그룹에서 말씀 묵상과 기도뿐 아니라 각자 목표 체중을 정하고 식단과 운동 루틴을 공유하는 온라인 챌린지를 해보자. 이는 건강한 영성을 위한 건강한 습관을 만들고 외로움의 해결책이 될 수도 있다.

중독은 인간의 실존적 외로움으로 인한 심리적 허기에서 비롯된다. 그러므로 숨지 말고 자신의 영적 상태를 직면할 때 치유가 시작된다. 예수님은 자신을 "생명의 떡"(the bread of life)이라고 말씀하셨다(요 6:35). 예수님의 비유는 늘 깊은 의미가 숨어있다. 왜 자신을 떡, 즉 음식으로 비유하셨을까? 우리 인간의 허기진 내면을 온전히 채울 수 있는 게 '하나님의 말씀'뿐이기 때문이다.

간혹 뭐든 기도로 이겨내겠다고 주장하는 신앙심 깊은 크리스천도 있다. 물론 그 뜻을 존중하지만, 체중 증가, 공황장애, 수면장애, 우울증, 부부 갈등, 자녀와의 싸움, 분노조절장애 등 물리적인 증상이 나타나고 뇌에 변화가 일어났다면 육체의 연약함을 인정하고 상담과 약물치료를 받아야 한다. 중독된 뇌를 약물로 치료하고 마음을 돌보면서 하나님을 의지할 때 치유에 가까워질 수 있다.

병원을 찾는 발걸음에서 치료의 절반이 이뤄졌다고 본다. 그리고 약물 복용을 결심한 순간 치료 기간은 놀랍게 단축될 것이다. 나는 자신의 연약함을 인정하고 도움을 받으려 병원을 찾은 이들에게 "이렇게 병원에 온 게 기적입니다"라고 말한다.

약물 복용을 거부하는 크리스천들에게 고집을 버리라고 말하고 싶다. 육체의 연약함을 인정하고 납작 엎드릴 때 변화의 씨앗이 뿌려진다. 내가 훌륭한 의사여서가 아니라 이런 마음가짐으로 온 사람들이 성령의 힘과 자생력으로 딛고 일어서는 모습을 수 없이 목격했기 때문이다. 이들은 골방에 숨어있을 때와 전혀 다른 상상할 수 없는 은혜를 경험하며 고백한다.

"이 질병이 하나님을 깊이 만나는 계기가 되었어요."

"제 아픔을 통해 새로운 비전을 발견했습니다."

"진작 약을 먹고 적극적으로 치료받을 걸 그랬어요."

욥은 이유를 알 수 없는 시험을 당한 후에 더 큰 축복을 받았다. 하지만 가장 큰 복은 욥이 고난 가운데 하나님을 가까이 마주한 은혜일 것이다. 내 마음에 쉴 곳이 필요하다면 폭풍 가운데서 욥의 이 말에 귀 기울여보자.

주께서는 못 하실 일이 없사오며
무슨 계획이든지 못 이루실 것이 없는 줄 아오니
무지한 말로 이치를 가리는 자가 누구니이까
나는 깨닫지도 못한 일을 말하였고
스스로 알 수도 없고 헤아리기도 어려운 일을 말하였나이다
내가 주께 대하여 귀로 듣기만 하였사오나
이제는 눈으로 주를 뵈옵나이다 **욥 42:2,3,5**

식단관리는 영적 훈련이다. 몸과 마음의 상태를 점검하고 식사 일기를
써보자.

- 1단계 : 폭식은 내 몸과 마음이 힘들다는 신호다.
　　　　　자책하지 말고 나의 상태를 점검해보자.

- 2단계 : 식이장애는 우울, 대인기피, 인지기능의 저하,
　　　　　신체질환까지 가져오는 심각한 질병임을 명심하자.

- 3단계 : 극단적인 다이어트를 한 적이 없는지 생각해보자
　　　　　(최근 다이어트를 한 기간과 방법, 절식, 무리한 운동,
　　　　　다이어트 약물 복용 등).

- 4단계 : 식사 일기와 마음 상태를 기록해보자.
　　　　　(마음 상태는 0-10까지 숫자로 매겨보아도 좋다.
　　　　　0: 극도로 우울한 상태, 10: 기분이 아주 좋은 상태)

	시간	식전 기분	식사 내용	식후 기분
아침				
점심				
저녁				

Q 제 폭식을 고백합니다

다이어트 후유증이라기보다 욕구 불만을 해소하기 위한 임시방편으로 음식에 중독된 성향입니다. 먹는 걸 좋아하긴 해도 일반적인 수준이었는데 회사를 그만두고 일이 안 풀리면서 폭식을 하게 됐어요. 처음에는 기분이 안 좋으면 달달한 디저트를 가끔 먹는 정도였는데 언제부턴가 군것질을 끊기 어렵고 머릿속으로 음식 생각만 하기 시작했어요. 다른 활동을 해도 온통 음식에 정신을 빼앗겨 몸매도 망가지고 건강도 점점 나빠지고 있습니다.

A 식이장애 이면에는 상처와 트라우마가 존재합니다

이미 중독의 늪에서 스스로 빠져나오기 힘들 정도로 뇌의 변화가 일어난 상태로 보입니다. 돌아서면 배가 고프고 먹어도 허전함을 느끼며 배가 고픈 건지, 부른 건지 구분이 잘 안 될 거예요. 다음 세 가지 처방을 드릴게요.

1. 폭식하는 원인이 무엇인지 분별하세요

폭식의 두 가지 주요 원인은 다이어트 후유증과 심리적 허기입니다. 먼저 다이어트 후유증은 극한 다이어트로 살을 뺐다가 요요현상으로 살이 더 찐 경우로, 이는 올바른 다이어트법을 알려주고 체중 감량을 돕는 치료를 겸합니다.

그러나 심리적 허기일 경우는 심리치료가 필수예요. 자존감을 높이고 자신에 대한 이미지를 바꾸기 위해 체중 조절뿐 아니라 상처 치유가 필요하지요. 폭식 이면에 상처 난 영혼을 돌아보세요. 나는 부족하다는 생각, 낙오자라는 두려움과 자괴감, 낮은 자존감을 직면하고 심리치료를 병행하면 회복할 수 있습니다. 다이어트 부작용과 강박 그리고 우울감, 트라우마, 대인기피가 모두 있는 경우는 더 오랜 치료 기간이 필요해요.

2. 심리적 허기를 생명의 떡으로 채우세요

식이장애는 상처와 트라우마, 자신에 대한 완벽주의에 기인합니다. 하나님이 주신 고유의 모습으로 만족하지 못하고 이상화된 형상과 자신을 끊임없이 비교하며 괴롭히지요.

고린도전서 13장을 처방해드릴게요. 소위 '사랑장'이라 불리는 성경 말씀을 자신에게 적용하세요. 자신에게 오래 참고, 온유하고 친절하며, 무례히 행하지 말고, 괴롭히거나 못살게 굴지 마세요. 하나님의 걸작품인 나를 있는 모습 그대로 사랑하고 아껴주세요.

예수님이 "나는 생명의 떡이니 내게 오는 자는 결코 주리지 아니할 터이요 나를 믿는 자는 영원히 목마르지 아니하리라"(요 6:35) 말씀하셨어요. 중독 증세는 바로 당신에게 하나님이 필요하다는 신호입니다. 중독의 사슬은 강력해서 혼자서는 끊기 힘들어요. 자신의 연약함을 인정하고 약물치료를 받으며 심리적 허기를 생명의 떡으로 채울 때 비로소 자유할 수 있어요.

3. 식단관리는 영적 훈련입니다

음식을 선택할 때 자신이 끌리고 원하는 게 아닌 하나님이 기뻐하시는 걸 선택하려고 노력하세요. 식사 일기를 적어보고 마음 상태를 기록하는 습관(루틴)을 만들어보세요. 우리의 건강은 건강한 습관에서 시작됩니다. 마음 가는 대로 허겁지겁 먹는 게 아니라 하나님이 자연으로부터 알려주신 건강한 식단을 꾸리는 것도 내 몸을 사랑하는 영적 훈련임을 명심하세요. 이제 과감히 결단합시다. 배달 앱을 지우고 편의점이나 빵집을 향하는 발걸음을 멈추기로요!

Q 언제부턴가 일에만 더 매달리게 됩니다

삼십 대 후반 미혼 직장인이에요. 그전에도 열심히 일했지만 점점 더 일에만 매달리게 됩니다. 친구들은 결혼해서 가정이 생기니 만나기 어렵고, 집에 가봤자 "언제 시집갈 거냐, 데이트 안 하냐, 남자 좀 만나라"라는 부모님의 잔소리뿐이니 회사에 남아 없는 일도 만들어서 합니다. 일하는 게 편하고, 오히려 일이 없으면 불안한 자신이 안쓰럽기도 해요.

A 마흔에 가까운 미혼 직장인들이 비슷한 상황을 겪고 있어요

열심히 직장생활을 했는데 배우자는 찾지 못하고, 혼자 있는 시간이 많다 보니 더 일에 몰두하게 되고, 그러다 보니 배우자를 만날 기회가 더 없는 악순환이 나타납니다. 하지만 정말 열심히 산 거예요. 매

일 성실히 맡겨진 일을 했기에 그 정도 사회적 활동을 하고 있는 거지요. 그러니 자책하지 말고 먼저 자신을 칭찬해주세요.

다만 그동안 열심히 일한 건 헛되지 않으나 좋은 중독이란 없어요. 하나님이 명하신 안식을 충분히 가졌는지 돌아보세요. 인체의 신비를 설계하신 분이 내 몸의 리듬과 필요한 휴식을 규칙적으로 지키라고 명령하셨어요. '쉼을 허락한다'는 건 내 삶의 주인이 하나님이심을 고백하는 것과 같아요. 그러면 일에 대한 열심도 내려놓을 수 있지요. 불안해서 일을 붙잡는 건 내가 주인 된 태도입니다.

조급하고 바쁜 생활은 자율신경계를 자극하여 불안, 불면, 심계항진, 공황장애 등 여러 신체 이상 증상을 일으킵니다. 이런 증상이 나타나면 '이제 내려놓고 내게서 쉬어라'라는 하나님의 음성이자 몸이 보내는 신호로 알아차려야 해요. 경고등을 무시하면 더 큰 신체적 문제가 발생할 수 있으니까요. 다음 두 가지 처방을 드릴게요.

1. 잘못된 가치 내려놓기

그동안 스스로 옳다고 생각했던 모든 가치 기준을 잠시 내려놓고 재정비하세요. '나는 결혼도 못 했으니까 일이라도 잘해야지', '나는 안 예쁘니까 돈이라도 많이 벌어야지' 등 여러 잘못된 생각으로 자신을 공격하고 있었다면, 이제 내려놓을 때입니다. 관계에 대한 중요성보다 성취에 대한 중요성이 내 인생에서 어떤 이유로든지 우위에 있었다면 방향을 전환할 때예요.

2. 쉼은 선택이 아니라 명령이다

일이 없으면 불안하다는 건 쉴 줄 모른다는 뜻입니다. 내 몸을 돌보는 시간을 반드시 가지세요. 운동을 얼마나 하는지, 어떤 음식을 섭취하고 있는지, 규칙적인 생활을 하고 있는지, 내 몸에 해로운 행동을 하지 않는지를 살펴보며 휴식과 숙면을 우선시하세요. 저는 약속이나 일정을 잡지 않는 날을 꼭 확보합니다. 이날은 내 욕구에 귀 기울이며 나만을 위한 시간을 가져요. 주변의 요구 사항을 뒤로 하고 내 몸에 집중하지요. 이렇게 의도적으로 쉼의 시간을 확보해놓지 않으면 늘 우선순위에서 밀리게 됩니다.

내 몸과 마음은 쉴 곳이 필요한데 그렇지 못하면 예민함, 짜증, 산만함이 찾아옵니다. 이런 증상이 나타나기 전에 내게 온전히 집중하는 시간, 내가 재밌고 몰입할 수 있는 걸 찾아 휴식을 누리세요. 쉼은 선택이 아니라 하나님의 명령입니다. 쉼을 통해 '너는 내 것'이라 말씀하시는 그분의 달콤한 사랑 고백을 들어보길 바랍니다.

5
chapter

교회에 연애하러 가니?

_연애, 관계의 어려움

내가 금세
사랑에 빠지는 이유

하나님은 우리에게 '가정'이라는 소중한 공동체를 주셨다. 그러나 현실에서는 가정을 이루기가 점점 어렵고 비혼(非婚)주의자도 늘고 있다. 그렇다고 이들을 탓하거나 결혼을 재촉하기보다 삼사십 대 미혼 청년들에게 어떤 현실적인 도움과 조언이 필요한지 고려하며 균형 있는 시각을 가져야 한다. 또한 이들의 건강한 이성 교제를 위해 공동체의 각별한 관심과 보살핌이 필요하다.

건강하게 사랑하고 결혼하려면 자존감 있는 사랑을 해야 한다. 상담실을 찾는 청년 대부분이 이와 관련한 문제를 가져온다. 자존감 없는 사랑으로 상처받고 심지어는 결혼까지도 포기하는 걸 본다. 이들의 연애는 다음 다섯 가지 특징이 있다.

1. 금.사.빠(금방 사랑에 빠진다).
2. 모든 걸 상대에게 맞추고 내 주장이 없다.
3. 스타일이 바뀐다(상대에 따라 다른 사람이 된다).
4. 분리불안을 느끼며 상대에게 집착한다.
5. 이별의 충격으로 연애를 피하거나 곧바로 다른 사람을 사귄다.

이들은 무의식적인 결핍감과 허전함, 버림받을 것에 대한 두려움 때문에 상대의 한 가지 매력에 호감이 생기면 그를 알아가기도 전에 급속히 사랑에 빠지고 연인 관계로 발전한다. 짧아도 강렬하게 만나며 상대에게 최선을 다하지만, 그만큼 갑자기 헤어지고 이별 후엔 삶의 의미를 잃을 정도로 고통스러워한다. 또한 혼자 있는 시간을 견디지 못하고 감정 기복이 심하며 정서가 불안정한 경향이 있다. 다음은 스스로 꼭 점검해봐야 하는 연애 유형이다.

○ **상대에게 과도하게 집착하는 경우**

내가 젊을 때만 해도 이십 대에 짝을 찾아 결혼하는 게 일반적이었다. 그런데 요즘은 삼십 대 미혼 비율이 지역에 따라 50%까지도 나타난다. 교회에도 미혼 청년이 증가하고 있다. 그만큼 부모 세대와 자녀 세대의 연애관이 다를 수밖에 없다.

한 어머니가 남자친구에게 집착하는 대학생 딸을 데리고 상담실을 찾았다. 딸은 분리불안이 있었다. 어릴 때부터 엄마와 한시도 떨어지지 못했다고 한다. 연애할 때도 남자친구와 연락이 안

되면 불안해하고, 항상 어디 있는지 알려고 하고, 장소를 이동하면 '사진을 찍어 보내라'고 요구하는 등 그에게 집착했다. 남자친구는 이내 질려버렸고 이별을 통보했다. 그녀는 사랑받길 간절히 원하면서도 사랑이 멀어지게 만들었다.

그녀는 누가 봐도 '엄친딸'이었다. 외모도 뛰어나고 공부도 잘했다. 하지만 반복되는 연애 패턴에 늘 걸려 넘어졌다. 여러 차례 남자친구와 헤어진 후 깊이 상처를 받은 그녀가 말했다.

"왜 이렇게 반복적으로 상처를 받는지 알고 싶어요."

딸은 다 큰 성인임에도 엄마와의 안정적인 분리가 이뤄지지 않은 상태였다. 정상적인 분리를 거친 아이는 학교에 가면 엄마가 눈에 보이지 않아도 집에 있을 거라고 생각한다. 그러나 이 단계를 제대로 거치지 못한 아이는 늘 불안해하며 부모에게 받지 못한 보살핌을 훗날 연인에게 기대한다.

'나와 함께 있지 않아도 그는 여전히 나를 사랑할 거야'라는 신뢰가 없기에 '나와 함께 있지 않을 때는 뭘 하고 있을까, 혹 나를 향한 사랑이 식은 건 아닐까' 하는 불안에 휩싸여 떨어져 있는 시간을 못 견딘다.

상대가 내 결핍을 채워줄 부모도, 심리 치료사도 아닌데 말이다. 이 기대 자체가 이루지 못할 소망이다. 어떤 남자도 한 여자의 심리적 공허감을 다 채워줄 수는 없다. 더구나 그가 대학생이라면 여자친구의 해결되지 못한 욕구를 채워줄 만큼 성숙하지도 않을 뿐더러 군대, 학업, 취업 문제 등 자기 앞가림하기 급급할 것이다.

그녀는 이런 객관적 상황과 자신의 상태를 인지한 후에 남자친구를 일정 기간 사귀지 않고 미래 진로에 집중하는 '노 데이팅 기간'을 선포했다. 남자친구에게 집착하고 실망하고 상처받는 대신, 혼자 있는 법을 익히고 자기 성취를 위한 시간을 보내기로 한 것이다.

◦ 나쁜 남자, 나쁜 여자에게만 끌리는 경우

데이트 폭력, 성폭력으로 반복적인 이별을 경험한 삼십 대 여성이 내원했다. '이렇게 안 좋은 경험을 많이 해서 앞으로 어떤 상대를 만날 수 있을까' 걱정이 될 정도였다.

어린 시절 억압적인 분위기나 폭력을 경험한 사람은 주로 나쁜 이성에게 매력을 느낀다. 이들은 폭력에 대한 거부감이 있으면서도 그런 분위기에 쉽게 말려든다. 예를 들어 학대를 경험한 여성은 지배적이고 가학적인 남성에게 무의식적으로 끌린다. 또 스스로 건강한 사랑을 받을 만한 조건이 되지 못한다고 여겨서 자신보다 부족한 사람과 쉽게 사랑에 빠진다. 여기에는 상대가 나를 필요로 하게끔 해서 자신이 버림받지 않으려는 심리가 숨어있다.

최근 '가스라이팅'(gaslighting)이라는 말이 뉴스에 종종 등장했다. 이는 심리적 조작을 통해 상대의 마음에 스스로에 대한 의심을 불러일으키고 현실감과 판단력을 잃게 만듦으로써 그에게 지배력을 행사하는 걸 말한다. 소위 '나쁜 남자, 나쁜 여자'는 상대를 조종하는 데 탁월하다. 상대의 버림받지 않으려는 심리를 이용하여 자기 마음대로 지배하려 든다.

심지어 "너 같은 게 뭘 알아", "못생기고 뚱뚱한 주제에"라며 상대를 비하하는 말도 서슴없이 한다. 이들은 나르시시스트(narcissist) 성향으로 자기중심적이며 애인에게 여러 차례 돈을 빌리고 갚지 않거나 성적 착취를 하기도 한다. 교회 안 이성 교제에도 이런 일이 드물지 않다.

어떤 경우든 반복적으로 피해를 입었다면 묵묵히 참고 견디면 안 된다. 자신을 해치는 상대를 과감히 끊어낼 자신이 없다면 전문가에게 도움을 청하자. 원하지 않는 언어적, 물리적, 성적 착취를 당했다면 과감히 밝히고 중단시켜야 한다.

연애할 때
이것만은 기억하라

○ 첫눈에 반한 사랑을 조심하라

통계적으로 선을 보거나 소개로 만나서 결혼한 경우, 연애 결혼보다 이혼율이 낮다고 한다. 그만큼 우리의 눈은 믿을 게 못 된다. 누군가를 만날 때 환상이 아닌 진짜 상대를 아는 것이 중요하다. 무의식적 끌림으로 좋아하면 자신의 판타지를 투영하게 되어 상대의 실제 모습을 알기 어렵다.

그러므로 서로를 제대로 알기까지는 연인 관계로 발전하지 않는 편이 낫다. 교회 공동체에서 상대의 대인 관계도 지켜보고 그의 평판도 들어보라. 그(그녀)가 정말 교제 가능한 상대일지 객관적으로 말해줄 수 있는 멘토와 상의해보는 것도 방법이다.

○ 척하지 마라

자존감이 낮은 사람은 연애할 때 좋은 모습만 보여주려 한다. 상대의 마음을 사로잡기 위해 있는 척, 예쁜 척, 참한 척, 센 척 등 내가 아닌 모습을 보이려고 부단히 애쓴다. 이런 사람의 내면에는 '착한 아이 콤플렉스'가 있는 경우가 많다. 어려서부터 부모가 원하는 모습으로 살아야 했던 강박과 불안 속에 자랐거나 부모의 관심을 받으려면 부모를 기쁘게 해야 하며 완벽하지 않으면 부모에게 인정받지 못한다고 생각하며 자랐을 수 있다. 착한 아이, 착한 사람이 되는 게 이들의 오랜 생존법이었던 거다.

연애할 때도 상대방의 요구에 무조건 맞춰야 사랑받을 수 있다고 생각하기에 본래 모습은 축소하고 상대가 바라는 모습을 부각하여 사랑을 얻어내는 법을 터득한다. 그래서 거절을 못 하고 좋은 모습만 보여주다가 더 쉽게 상처받기도 한다.

내 모습 그대로 받아들여지지 않을 것 같은 두려움이 올라와도 거짓된 내가 아닌 진짜 '나'로 존재하려고 노력하자. 장점은 물론 단점까지도 보여줄 용기가 필요하다. 그렇지 않으면 나중에 거짓말을 했다거나 사기를 쳤다는 비난을 들을 수도 있다. 거짓말을 자주 해서 헤어졌다는 사람의 이야기를 들어보면, 자신의 본 모습을 보여주지 않으려 대강 둘러대거나 숨기려다가 상대가 거짓말로 느낀 경우가 많다.

○ 자기 일상을 잃지 마라

나를 잃는 연애는 연애가 아니다. 만남 가운데 내 민낯이 여실히 드러나는 게 연애의 중요한 속성인데, 내가 없다면 정상이라고 할 수 없다. 하지만 자신을 철저히 숨긴 채 상대에게 모든 걸 맞추거나 반대로 상대와 정서적 거리를 두는 사람이 많다.

전자의 경우, 상대와 시간을 보내기 위해 자기 일을 중단하는 상태에 이르렀다면 적신호가 켜진 것이다. 내 일과 삶, 관계를 지키면서 만나지 않으면 훗날 자기 상실의 위기가 반드시 찾아온다. 상담실을 찾은 한 자매는 "남자친구를 위해 유학까지 포기했는데 헤어지고 나서 그는 유학을 떠났어요. 그때는 제 선택이 사랑인 줄 알았는데 이런 제가 너무 바보 같아요"라며 후회했다.

후자의 경우는 연인에게 굉장히 냉소적으로 반응한다. "네가 뭘하든 난 상관 안 해", "싫어? 그럼 헤어져"라는 태도로 마음을 주지 않고 밀쳐 낸다. 소위 '썸'만 타는 데 탁월한 재능을 가진 이들은 상처받지 않을 만큼만 관계에 몰입한다. 교회에서 여러 형제나 자매에게 연락하며 상대에게 상처를 주는 경우가 이에 해당된다.

○ 참지 말고 속마음을 말로 표현하라

요즘 젊은 세대는 말로 표현하는 걸 어색해한다. 주로 휴대폰으로 의사소통을 하고 온라인 세상에서 만나기에 놀이터에서 친구들과 뒹굴거나 치고받으며 관계를 맺어본 경험이 거의 없다. 그러다 보니 연인에게도 속마음을 얘기하는 걸 굉장히 어색해한다. 싫은 건 싫다고, 좋으면 좋다고 말해야 하는데 어색해서 혹은 본모습을 보이면 상대가 실망하거나 자신이 버림받을까 봐 표현하지 못한다. 그러면 관계 가운데 힘의 균형이 한쪽으로 기운다.

나는 이런 이들을 상담할 때 연애를 시작하면 꼭 알려달라고 당부한다. 그리고 연애를 자신을 알아가는 과정으로 삼아보자고 제안한다. 이런 마음가짐으로 조력자와 함께 연애 과정을 점검하며 나아가면 큰 도움이 된다.

가장 중요한 건 연애를 시작하기 전에 '내가 준비되어 있는가'와 '내 안에 사랑할 능력이 있는가'를 점검하는 것이다. 이렇게 기도해보자.

"주님, 저는 사랑의 불능자, 중도 포기자입니다. 제겐 사랑할 수 있는 능력이 없습니다. 사랑이신 주님, 제게 사랑을 부어주세요. 주님의 사랑을 가르쳐주세요."

연애에 관한
잘못된 네 가지 생각

나를 채워줄 '반쪽'이 정말 있다고 믿는가? 사랑받고 싶은 욕구는 인간 존재가 안고 있는 공허함과 외로움을 애인이나 배우자가 대신 채워주어야 한다는 가정에서 출발한다. 왜 사랑의 욕구를 한 사람이 충족시켜주리라 기대하는가. 만약 그 한 사람이 없으면 분노하고 실망할 건가?

정신과 의사로서 많은 사람이 애정 결핍에 의한 공허함을 채우기 위해 마치 진공청소기처럼 이것저것 빨아들이는 걸 본다. 이성과의 친밀함, 쾌락, 중독 등 그것이 내게 이로운지, 해로운지 분별하지 않은 채로 말이다.

과연 무엇이 인간의 허전함을 달랠 수 있을까. 만일 그것이 남녀의 사랑이라면 얼마나 유효할까. 인류는 그 해답을 오랫동안 찾아 헤맸다. 그런데 한 가지 확실한 건, 인간관계에서의 집착이나 착취는 결코 사랑이라 할 수 없으며 허전함과 결핍을 끝내 채울 수 없다는 것이다.

사랑의 종류는 다양하다. 에로스(eros, 관능적 사랑)가 채워지지 않더라도 필리아(philia, 우정)를 키워나갈 수 있고, 신나게 놀면서 루두스(ludus, 유희적 사랑)를 충족할 수 있다. 종교 단체에서 봉사하며 아가페(agape, 절대적 사랑)를 베풀 수도 있고, 자연을 사랑하고 동물을 키울 수도 있다.

실제로 실연 이후 유기견 봉사에 뛰어들거나 신앙생활에 심취하는 사람이 많다. 이렇듯 여러 유형의 사랑과 친밀함이 삶 전반에 고루 나타날수록 풍성한 관계와 채워짐을 누린다. 애정 결핍을 이성과의 사랑으로만 채우려 하는 건 어찌 보면 잘못된 가정이다.

또 교회에서 청년들이 "기도해보고 만날게요"라고 말한다. 물론 기도해보고 만나는 게 맞다. 하지만 만나지도 않고 기도만 해보는 건 문제다. 나는 배우자를 찾는 이들에게 청년이 많은 교회에 가보길 권한다. 그러면 연애하기 위해 교회에 가냐고 되묻는데, 그게 왜 나쁜가? 물론 그 목적으로만 가는 건 좋지 않지만, 교회 밖에서 배우자를 찾는 것보다 교회 공동체의 지도를 받으며 교제하는 게 안전하다. 신앙 안에서 배경이 비슷한 남녀가 만나 결혼하면 서로 맞춰나가는 데 수월할 것이다.

다음은 연애에 관한 잘못된 네 가지 생각이다.

◦ 사랑하면 거짓이 없어야 한다

특히 크리스천일수록 이 기준이 높다. 모든 생각을 공유해야 하고 신앙적으로도 완전히 통해야 한다고 생각한다. 그러나 단언컨대 그런 관계는 없다. 관계가 100% 투명할 수는 없기 때문이다.

거짓과 투명함은 상대적이다. 그 경계와 정도는 사람에 따라 기준이 다르기에 서로 "넌 너무 투명해", "넌 왜 항상 거짓말을 해"라고 말할 수 있다. 하지만 나와 다르다는 이유로 상대를 거짓말쟁이로 몰아세우면 안 된다. 이런 패턴이 고착되면 상대는 거짓말을 하고 싶지 않아도 둘러대거나 회피하게 되고 결국 신뢰가 깨진다. 자라온 환경, 가족의 분위기, 개인의 가치관 등에 따라 투명함의 기준이 다 다르다는 걸 명심하자.

연인에게 다른 이성과 친밀하게 지내지 말라는 요구가 대표적이다. 친밀함의 기준이 모호하므로 구체적인 경계를 정해야 한다.

그렇지 않으면 간섭과 의심이 끊이지 않고 상대에게 상처를 주거나 받게 된다. 나 역시도 상대가 모르는 내 모습, 내가 모르는 내 모습이 있을 수 있기에 모든 것을 공유하라는 압박은 폭력이 될 수도 있다.

◦ 영적으로 잘 맞아야 한다

'영성으로 하나 된다'라는 게 정확히 어떤 뜻일까? 영적 수준이 맞아야 한다는 의미일까? "우리는 영성이 다르다", "부부나 연인이라면 동일한 영성이어야 한다"라는 말은 사람마다 이해가 다르겠지만, 그에 앞서 우리는 상대방의 영성을 함부로 판단해서는 안 된다. 그래서 남자친구나 남편의 영성에 대해 불평하는 자매들을 상담할 때마다 말한다.

"날 때부터 영성이 훌륭한 사람이 있을까요?"

하나님의 때에 나를 만나주셨듯이 상대도 그럴 것이다. 어쩌면 나보다 훌륭한 영성을 갖게 될 수도 있다. 왜 현재의 모습만 보고 좁디좁은 시각으로 그의 영성을 논하는가. 간혹 애정 결핍뿐 아니라 영성 결핍도 상대에게서 채우려는 사람이 있다. 이는 연인이 영성으로 반드시 하나 되어야 하고, 그렇지 않으면 잘못됐다는 생각을 전제로 한다.

나는 두 사람이 반드시 동일한 영성이어야 한다는 주장은 위험하다고 본다. 영성이나 신앙적 배경이 다른 가정에서 30년 가까이 살아온 성인 남녀가 어떻게 처음부터 동일할 수 있을까. 부부는 인생의 동반자로 함께 풍파를 지나며 닮아간다. 상대방의 신앙을 탓하기 전에 내 신앙을 돌아보자. 하나님과 나의 관계에 집중하고 그분을 전적으로 신뢰할 때 연인과 배우자, 부모와 자녀의 신앙을 향한 하나님의 때를 기다릴 수 있다.

◦ 사랑도 돈이 있어야 한다 vs 믿음만 있으면 돼

자본주의적 사랑이란 '상대의 배경 덕을 보려는 관계'를 말한다. 이런 사랑을 추구하는 사람은 학벌, 직장, 집안, 경제력, 외모 등 상대의 외적인 조건을 본다. 그러다가 조건이 더 좋은 누군가가 나타나면 흔들리고, 상대가 더는 불필요하다고 느끼면 쉽게 관계를 정리하며 이혼으로 이어지기도 한다. 이런 이들에게 제발 상대의 덕을 보려 하지 말고, 내가 무엇을 해줄 수 있을지 생각하라고 말해주고 싶다.

일회성 연애가 짙어진 요즘, 사랑도 돈이 있어야 하고 돈 주고 사야 하는 분위기다. 로맨스도 돈과 선물이 뒷받침되어야 하고 매력적인 존재가 되기 위해 내 조건을 업그레이드하려면 막대한 자본이 필요하다. 이런 만남은 조건이 상실되는 순간, 의미도 사라진다.

그렇다고 외적인 조건을 모두 무시하고 신앙만으로 결혼하는 것도 위험하다. 교회에서 믿음만 보고 결혼했다가 후회하는 이들을 종종 본다. 한 커플은 주변의 반대를 무릅쓰고 신앙으로 극복하겠다며 결혼했는데, 문제가 생겨 상담하러 와서는 "다 극복할 줄 알았는데 우리를 과대평가했던 것 같아요"라고 고백했다.

정신건강을 위해서는 조건을 하나도 보지 않고 결혼하기보다 비슷한 배경의 사람과 만나는 걸 권하고 싶다. 결혼이라는 현실 앞에 갓 결혼한 커플이 마주할 난관이 생각보다 험난하기 때문이다.

'Prepare/Enrich'라는 결혼 예비 심리검사는 영역별로 두 사람이 얼마나 비슷한 입장을 취하는지 살펴볼 수 있다. 결혼 전에 충분히 논의하지 못한 현실적인 영역들, 예를 들어 재정 영역(수입과 지출 패턴), 부모님과의 관계, 가사 분담, 성적 취향, 동성이나 이성 친구 관계, 취미 활동, 종교 활동 등 세세한 부분까지 다룬다. 이런 사전 준비 없이 관계에 뛰어들어 성공적인 사랑과 결혼을 꿈꾼다면 난감한 상황에 빠질 수도 있다.

크리스천 가정과 일반 가정의 이혼률이 별 차이가 없다는 보고가 있다. 자본주의적 사랑도 경계해야 하지만, 신앙으로 모든 조건을 극복할 수 있을지도 스스로 점검해보자.

○ 내 사랑으로 널 구원해줄게

'구원 환상'(Rescue Fantasy)이란 자신이 상대를 구원할 수 있고 변화시킬 수 있다고 믿는 착각을 말한다. 이들은 상대가 불쌍해서 헤어지지 못한다. 오히려 상대의 결핍과 부족함을 연민과 애정으로 받아주며, 그것이 사랑의 조건이 되어버린다. 나이 차가 얼마 나지 않음에도 일방적으로 부성애적, 모성애적 사랑을 요구하는 상대를 경계하자.

많은 크리스천이 신앙으로 모든 걸 극복할 수 있으며 자신이 상대에게 사랑을 베푼다는 생각으로 타협해간다. 하지만 이런 사랑은 일종의 판타지에 지나지 않는다. 상상 속 사랑을 경계하자.

중독이나 폭력과 같은 반복 습관을 가진 사람이 그의 주변인, 즉 가족이나 연인, 친구, 종교 지도자 등에게 의존할 경우, 그 주변인은 문제를 통제하거나 묵인하고 전적으로 희생하려는 경향을 보인다. 이것을 '공동 의존'(Co-dependence)이라고 한다. 여기서 벗어나려면 상대에게 쏟았던 에너지와 관심을 자신에게 베풀고 자신을 좀 더 독립적이고 행복한 개체로 인식하려는 노력이 필요하다.

특히 크리스천은 자기희생을 긍정적으로 바라보기에 공동 의존을 합리화하곤 한다. 예를 들어 폭력적인 남편의 행동을 묵인하거나 자녀마저도 보호하지 못한 채 그의 행동을 용서하고 받아들이는 것이다. 그러면 남편의 감정 표현이 폭력적인 패턴으로 고착될 뿐 아무런 긍정적인 변화를 이루지 못한다.

겉으로는 희생적이고 사랑과 용서를 베푸는 아내로 보이지만 내면에는 남편을 향한 분노, 좌절감, 통제하려는 심리적 역동이 잠재한다. 이 경우는 폭력적인 남편도 문제지만 어느새 의존적 역동을 갖게 된 아내와 자녀가 더 큰 문제다. 폭력이나 알코올중독과 같은 문제는 묵인하거나 방치해서는 안 된다. 치료가 필요한 질병임을 인식하고 적극적인 해결을 위해 가족이 노력해야 한다.

이런 가정을 상담하는 교인이나 목회자들은 공동 의존의 가능성을 늘 경계해야 한다. 성경에서 말하는 자기희생이나 이타심을 베풀어야 하는 관계와 공동 의존은 엄연히 다르다.

전자는 후회와 분노가 없기에 관계를 악화시키지 않는다. 반면에 공동 의존은 문제를 일으킨 사람이나 주변 사람에게 피해를 주고 결국 관계가 고착되어 문제를 악화시킨다. "각각 자기의 짐을 질 것이라"(갈 6:5)라는 성경 말씀은 다른 사람의 행동에 대한 책임을 본인이 지려고 애쓰는 걸 멈추고, 자기 행동에 대한 책임을 자신이 져야 한다는 뜻이다. 이는 공동 의존에서 벗어나는 해결책이기도 하다.

연애를 시작하는
당신에게

○ 나는 나를 잘 돌볼 수 있는가

사랑은 내 결핍과 욕망을 채우는 게 아니다. 사랑하려면 내가 준비되어 있어야 한다. 여기서 말하는 '준비'는 집이나 차 등 경제적 능력의 뒷받침이 아니라 '사랑할 수 있는 능력'을 말한다. 지금 나는 나를 사랑하고 잘 돌볼 수 있는가. 그렇게 완성되어 가고 있는가. 상대를 사랑할 시간과 마음의 여유가 있는가. 만일 준비되어 있지 않다고 판단이 되면 좋아하는 사람이 생기더라도 명화를 감상하듯 지켜보는 편이 낫다.

◦ 주변에서 반대하는 이유가 있다

누군가와 만남을 시작하기 전에 나를 사랑하는 사람들, 이를테면 부모님과 친구에게 소개해야 한다. 만일 이들이 반대한다면 반드시 이유가 있으므로 무시해서는 안 된다. 교회 내에서 비밀스러운 연애를 경계하라. 둘만의 만남으로 상대에게만 너무 집중하면 그의 전체적인 모습을 알기 어렵다. 내가 아는 상대의 단면만 보지 말고 그가 사람들과 어떻게 지내는지, 그를 향한 주변의 평판과 의견을 귀담아듣자.

◦ 혼전 관계는 최대한 미루자

'청소년건강행태조사 제15차(2019)' 통계에 의하면, 첫 성 경험 연령이 평균 13.6세라고 한다(현실이 이렇기에 '혼전 순결을 무조건 지켜라'라고 말하기보다 '최대한 미루라'라고 하는 것이다). 그럼에도 혼전 순결을 강조하는 이유는 정서적, 성적으로 한번 결속되면 상대를 객관적으로 바라볼 수 없기 때문이다.

흔히 사랑은 '필'(feel)이라고 하는데, 그 끌림이라는 건 호르몬의 작용일 뿐이다. 게다가 어린 시절의 부정적인 관계 패턴(불안, 낮은 자존감 등)에 의한 왜곡된 감정일 때가 많다. 그러니 누군가를 만날 때는 '느낌'에 속지 말고 상대의 객관적 모습을 보고 판단하되 정서적, 성적으로 성급하게 엮이는 일이 없어야 한다.

˚ '노 데이팅' 기간을 반드시 갖자

'노 데이팅'은 연애 공백 기간이다. 많은 사람이 헤어지고 바로 새로운 연애를 시작하는 패턴을 보인다. 스스로 마음을 추스르고 새로운 사람을 받아들일 준비를 할 시간이 턱없이 부족한 채로 말이다. 특히 혼자가 되는 걸 두려워하는 사람은 상대의 첫 느낌이 별로여도 그가 사랑을 고백하면 곁에 두려고 한다. 이건 잠시 안주하는 것이지 진정한 사랑이 아니다. 중심을 잃지 않으려면 혼자만의 시간을 충분히 갖자. 나를 돌보고 자기관리를 하며 그 시간을 잘 견뎌낼 때 건강한 만남을 시작할 수 있다.

˚ 안전 이별을 염두에 두라

요즘 이별을 통보한 전 연인에게 폭행을 저지르는 '이별 범죄'가 급증하면서 정신과를 찾거나 고소하는 일이 늘고 있다. 상대에게 이별을 고할 때, 전화나 카톡 혹은 문자를 남기기보다 되도록 낮시간에 주변에 사람들이 있는 공간에서 만나 대화로 마무리하는 게 안전하다.

만일 교제하는 상대가 나를 그가 원하는 모습으로 바꾸려 들거나 조종한다면 거부해야 한다. 내키지 않는 일에 동의하는 척하지 말고 의사를 분명히 말하자. 교제할 때 내 안위와 자존감을 지켜야 이별의 순간에도 나를 지킬 수 있다.

◦ 결혼예비학교는 청소년기부터

사실 결혼예비학교 교육은 이성 교제를 처음 시작할 때부터 필요하다. 많은 청소년이 성장 환경에서 결혼 생활의 좋은 예를 보지 못하고 자라며 미디어를 통해 부정적이고 왜곡된 결혼상을 학습하기 때문이다. 그러므로 어렸을 때부터 결혼의 성경적 의미와 올바른 결혼 생활에 관해 알려줘야 한다.

그뿐 아니라 남녀의 차이와 성 역할, 재정, 결혼 후 직장 문제, 양가(兩家) 문제, 집안일 분배, 자녀 계획 및 양육 등 결혼의 구체적인 측면도 생각해보게 해야 한다. 결혼 준비는 날짜를 잡고부터 하는 게 아님을 명심하자.

연애,
나를 비춰보는 거울

스스로 자존감이 있는 줄 알았는데 연애하면서 그렇지 않음을 깨닫는 경우가 있다. 연애는 내 모습을 비춰보는 거울이기 때문이다. 혼자 있을 때는 몰랐던 내 민낯이 연애를 시작하고 사랑에 빠지면서 거울을 보듯 적나라하게 드러난다.

나는 정신과 의사로서 환자에게 거울을 보게 하는 역할을 한다. 그 안에는 이런 메시지가 담겨있다.

"당신의 모습을 제대로 비춰보세요."

지금껏 살면서 자신에 대한 공부를 얼마나 했는가. 하루에 몇 번이나 자기 마음을 들여다보는가. 우리는 진학과 취업을 위해 수많은 공부를 해왔지만 정작 가장 가까운 자신에 대해선 무지할 때가 많다.

사실 혼자일 때는 상관이 없다. 그런데 연애와 결혼 등 깊은 인간관계를 맺을 땐 내 모습이 있는 그대로 드러난다. 그래서 연애나 결혼 전에 자신을 탐구해볼 필요가 있다. 지금 연인과 헤어져서 혼자인 상태라면 더없이 좋은 기회다.

자존감 있는 사람은 자기를 잃어버리지 않는다. 그러면서도 열정적으로 상대를 사랑한다. 연애란 본래의 나를 발견하고 내 모습을 상대에게 가감 없이 보이며 받아들여지는 경험이다. 그래서 좋은 연애는 자존감을 회복시키지만 나쁜 연애는 자존감을 떨어뜨릴 뿐 아니라 삶을 망가뜨리기도 한다.

굳이 애써 희생하면서 사랑이라고 착각하지 말자. 내가 행복하듯이 상대도 행복하고, 서로 함께하는 시간이 즐겁고 유쾌한 게 건강한 연애의 신호다. 자존감을 갖는 건 나를 위한 사랑임과 동시에 상대를 위한 사랑임을 명심하자.

내 마음 ♥ 응급처치
── ACTION PLAN ──

지난 연애를 생각할 때 반복되는 패턴이 있다면 점검해볼 필요가 있다.

1. 연애 전 체크리스트

- 나는 나를 사랑하고 돌볼 수 있는가
- 내 안에 사랑할 능력이 있는가
- 사랑의 은사를 구하고 있는가
- 상대를 대하는 나의 성품은 어떤가
- 진정한 인간관계를 맺을 준비가 되어 있는가
- 상대에게 잘 보이기 위해 급급하지 않은가
- 내 있는 그대로의 모습으로 상대를 대할 수 있는가
- 내 허물을 부끄럽게 여기지 않을 수 있는가
- 상대에게 비춰지는 내 모습을 받아들일 수 있는가
- 상대와 결혼할 마음이 있는가
- 어떤 크리스천 가정의 모습을 소망하는가

2. 큰 소리로 기도하기

"주님, 저는 사랑의 불능자, 중도 포기자입니다.
제 안에는 누군가를 사랑할 능력이 없습니다.
사랑이신 주님, 제게 주님의 사랑을 부어주세요."

Q 진정한 인간관계를 맺고 싶어요

이십 대에 하나님을 인격적으로 만났습니다. 그 후 불우했던 가정사를 뒤로하고 나름 잘 살아보려 발버둥 치고 있습니다. 그런데 신앙생활을 하다 보니 오히려 가면을 쓰게 돼요. 내 삶을 아무도 이해하지 못할 거란 생각에 마음의 문을 닫고 적당히 좋은 사람으로 교회 생활을 합니다. 칭찬과 인정을 받기 위해 '신앙생활 잘하는 좋은 사람' 가면을 쓰니, 신앙의 성장도 더딘 것 같고 진정한 인간관계를 맺지도 못하는 것 같아요.

A **적당히 좋은 사람도 나쁘지 않아요**

먼저 질문하고 싶어요. 왜 교회에 다니나요? 천국 가려고? 남들이 다가니까? 저는 하나님을 사랑해서, 그분을 만나고 싶어서 교회에 가요. 제가 하나님을 사랑하는 이유는 그분의 사랑을 받았고 지금도 느끼기 때문이에요.

> 우리가 사랑함은 그가 먼저 우리를 사랑하셨음이라
> 우리가 이 계명을 주께 받았나니 하나님을 사랑하는 자는
> 또한 그 형제를 사랑할지니라 요일 4:19,21

가면을 쓰고 살아가는 사람이 참 많습니다. 그러나 사회적 가면이

꼭 나쁜 것만은 아니에요. 성도의 역할, 직업적 역할, 가족 안에서의 역할 등 우리는 동시에 여러 역할을 맡고 있으니까요. 교회에 다니면서 신앙 있는 척, 착한 척, 사랑하는 척하는 것도 때로는 필요해요. 정신과 의사가 집에서 받은 스트레스를 환자 앞에서 드러내면 안 되듯이요. 적당한 사회적 가면은 성숙할수록, 역할이 커질수록, 연륜이 쌓이고 리더의 자리에 있을수록 필요한 부분입니다.

칼 융은 이를 '페르소나'(persona, 그리스 어원의 '가면'을 나타내는 말로 '외적 인격' 또는 '가면을 쓴 인격'을 뜻함)라고 했어요. 그중에 '좋은 사람 가면'은 심리학 용어로 '착한 아이 콤플렉스'라고 불러요. 이런 사람은 좋은 사람으로 보이고 싶어서 자기주장을 못 하고 양보하고 퍼주다가 고갈되기 쉬워요. 동시에 화도 나고 피해 의식이 생겨서 사람들과 거리를 두고 진정한 인간관계를 맺지 못하지요.

스스로에게 물어보세요. 상대에게 잘해주는 게 정말 그를 위한 건지, 자신을 위한 건지요. 정직하게 마음을 들여다보면 자기를 위해서임을 알게 돼요. 내가 인정받고 싶고, 잘나 보이고 싶은 거예요. 남에게 잘 보이려는 마음에서 이기심을 발견하지요. 진정 상대와 잘 지내길 바란다면 그에게 잘 보이려는 노력을 내려놓아야 해요.

착한 아이 콤플렉스를 가진 사람은 인정욕구가 많아요. 내가 할 수 있는 분량이 있는데 그 이상 하려다 보니 부작용을 겪지요. 상대에게 잘 보여야 하는 만큼 점점 그와 어울리기 불편해집니다. 또 내가 할 수 있는 범위를 넘어서 무리하다 보니 지쳐서 교회를 떠나고 싶어지고 사람이 미워져요. 낮은 자존감의 보상 심리가 생기지요.

그러니 내가 할 수 있는 것과 없는 것을 분별하고, 그것을 표현해보세요. 할 수 없는 건 'No'라고 솔직하고 당당히 말하는 사람이 인간관계의 경계선을 지킬 줄 아는 현명한 크리스천이에요. 내가 할 수 있는 만큼의 희생을 하고, 기쁨을 잃지 않을 만큼의 노력만 하세요. 그걸로 충분합니다.

중년은 위기일까, 기회일까?

_ 나이 들수록 자존감

중년의
자존감

　　중년기와 노년기의 자존감이 굉장히 중요
하다는 사실 알고 있는가? 자존감 안정성이 나이 듦의 모범이 되
는 근간을 이루기 때문이다.

　　발달심리학에서는 '중년기'를 마음은 이십 대지만, 몸이 안 따라
줘서 몸과 마음의 격차에 적응해가는 과정으로 본다. 청소년기에
형성된 자아 정체감을 바탕으로 청년기에 사회적·가정적으로 기
반을 잡고 정신없이 달려온 지금까지의 삶을 평가하는 시기이기
도 하다. '과연 이것이 내가 원하는 삶인가? 앞으로도 계속 이런
삶을 살 것인가?' 하며 말이다.

　　또 죽음을 앞두고 삶을 돌아보는 시기이다. 정신분석가 칼 융
은 중년기를 '인생의 오후'에 빗댔다. 그러므로 중년의 시기는 어떤

마음으로 맞는가에 따라 인생의 황금기가 될 수도, 위기가 될 수
도 있다.

중년기의
여섯 가지 특징

○ 약해지는 몸, 고쳐 쓰면 된다

중년에 접어들자 동창 모임에서 "너는 거기 안 아프니?", "어느
병원이 좋더라" 하는 이야기를 많이 듣는다. 다들 한두 가지씩 지
병이 생기는 시기여서다. 그럴 때면 나는 이렇게 말한다.

"괜찮아, 고쳐 쓰면 돼!"

종종 중년에 접어들어 신체 변화를 감지하고 건강 상태에 과
민 반응을 보이는 경우가 많다. 하지만 몸의 기능이 이전 같지 않
다고 서글퍼하거나 스스로 쓸모없는 존재로 여기지 않길 바란다.
가전제품이나 자동차도 오래 사용하면 부품을 바꿔야 하듯 우
리 몸도 30-40년 넘게 썼으면 손을 봐야 한다. 의학 기술이 발전
한 만큼 몸을 고쳐 쓰면 된다. 또 그런 신체 변화에 적응하며 몸과
마음을 적극적으로 돌볼 수 있다.

중년 남성의 경우, 활력이 떨어지며 성적(性的) 능력이 감퇴하기
도 한다. 또 감수성이 풍부해져 눈물도 많아진다. 상담실을 찾은
한 중년 남성은 "눈물이 나기 시작해서 큰일"이라며 하소연했다.
그는 자신의 변화에 몹시 당황한 기색이었다.

중년 여성도 완경(임신과 출산, 양육이 완성되었다는 의미로 폐경을 완곡하게 이르는 말) 이후에 많은 신체 변화를 겪는다. 여성호르몬 감소로 신진대사율이 떨어져 몸무게가 평균 5킬로그램 정도 증가한다. 그래서 외모에 대한 우울감이 커지기도 한다. "내 외모가 예전 같지 않다", "거울을 보기가 싫다", "남편이 내게 소홀한 것 같다", "나를 여자로 보는 것 같지 않다" 등을 호소하고, 심지어는 남편이 다른 이성을 만나는 것 같다며 의심하기도 한다.

어떤 이들은 다이어트나 성형수술을 하는 등 새로운 스타일을 시도한다. 그러나 자존감 안정성이 없는 상태에서는 외모에 변화를 주어도 만족감을 못 느낀다. 한 내담자는 쌍꺼풀 수술을 한 후에 거울 속 자기 눈이 화난 것 같고, 양쪽 쌍꺼풀이 짝짝이인 것 같고, 사람들이 자신의 눈만 쳐다보는 것 같다며 더 깊은 우울감에 빠졌다.

흔히 절대 망하지 않는 사업이 여성을 위한 피부 미용과 다이어트 제품, 남성을 위한 성기능 강화제, 아이들을 위한 학원 사업이라고 한다. 이는 많은 사람이 외모나 신체 변화에 민감하게 반응하며 대처한다는 뜻이기도 하다. 인생의 풍성한 오후 시간을 건강 염려와 외모 강박 그리고 자식 걱정으로 허비하지 말자.

○ **노안, 나무보다 숲을 봐야 할 때**

사람마다 정도의 차이가 있겠지만, 대부분 노안(老眼)을 슬픔으로 받아들인다. 내 친구들도 휴대폰이 잘 안 보인다며 무척 속상해했다. 하지만 생각을 전환해보자. 노안이 왔다는 건 나무를 볼 게 아니라 숲을 보라는 뜻이다. 세세하게 보며 작은 것에 연연하지 말고, 숲을 보듯 더 멀리 넓게 보라고 말이다.

노안이 오면 예전처럼 정확하게 인지하지 못하기에 젊을 때보다 시간이 훨씬 빨리 지나가는 것 같은 느낌이 든다. 또 인생의 마지막 순간인 죽음에 대해 점차 뚜렷하고 구체적으로 생각하게 되며, 타인의 죽음이 피부로 와닿기 시작한다.

'가만히 있다가는 허송세월만 보내겠구나. 이러다가 아무것도 이룬 것 없이 쓸모없는 존재로 생을 마감하겠구나.'

이런 불안과 조급함 때문에 자존감도 떨어진다. 특히 남성은 퇴직, 여성은 자녀의 출가 등으로 주요 역할이 사라지면서 급격히 자존감이 하락한다. 또 어떤 경우는 불꽃 같은 사랑을 하고 싶은 충동이 들어 외도를 하거나 심한 경우 연예인이 자신을 좋아한다는 애정망상(유명인, 지위가 높은 사람, 직장의 유능한 상사 등이 자신을 사랑한다고 믿는 망상)이 나타나기도 한다.

○ 공허감, 나를 발견하라는 초대장

중년기에 접어들면 심리적으로 굉장히 외롭고 무엇으로도 채워지지 않는 공허감이 든다. 인지능력이나 기억력, 집중력 등이 떨어지는데, 이는 뇌의 노화에 의한 지극히 정상적인 현상이다.

그런데 이렇게 생각해보자. 기억력 감퇴로 인해 우리는 새로운 지식을 흡수할 수 있다. 또 중요한 결정을 오랜 경험에 비추어 신중히 내릴 수 있다. 나는 하나님이 주신 가장 큰 선물이 '망각'이라고 생각한다. 나쁜 건 잊는 게 좋고, 모든 일을 세세한 것까지 다 기억할 필요가 없기 때문이다.

위축되고 자신감이 떨어지는 시기이지만, 이때 오히려 새로운 시도를 해보길 권한다. 뇌는 끊임없이 자극이 필요하다. 나이 들수록 세월이 빠르다고 느끼는 이유는 젊을 때와 달리 활동량이 적어지면서 뇌에 새로운 자극이 없기 때문이다. 매일 반복되는 일상에 소소한 변화를 주거나 새로운 사람과 환경에 나를 노출시키는 시도를 해보는 게 좋다.

완경 후 우울증으로 무기력하게 지내던 한 여성이 가족에게 이끌려 병원에 왔다. 그녀의 남편은 아내가 가족에게 화를 자주 내고 "죽어버리겠다, 집을 나가겠다"라는 말을 쉽게 한다고 했다. 나이 듦에 적응하기 쉽지 않았던 그녀는 남편과 자식을 위해 희생했던 지난날에 대한 보상이 필요했다.

약물치료와 상담을 진행하던 어느 날, 그녀는 '나 홀로 여행'을 선언했다. 그리고 앞으로는 생각을 바꿔서 자신을 위해 살아봐야겠다고 다짐했다. 치료자로서 처음에는 조금 염려가 됐지만, 그녀의 '소원'이라는 말에 다녀오라고 했다. 그녀는 여행을 마치고 돌아오자 생기가 돌았다. 더는 눈치 보지 않고 여행할 수 있는 자유가 생긴 걸 행복해했다. 그리고는 가족의 지지 속에 자신감도 회복하여 장기 여행을 계획했다. 치료제의 효과도 있었지만, 무엇보다 생각의 전환과 과감한 도전이 그녀에게 새로운 활력을 안겨주었다고 생각한다.

◦ 남자의 여성화, 여자의 남성화

우리는 출생 때부터 시작된 사회화의 영향으로 청년기까지 남자는 남자답게, 여자는 여자답게 행동하도록 교육받는다. 그런데 중년기에는 여기서 벗어날 기회가 찾아온다. 호르몬 변화로 남녀의 성향이 뒤바뀌기 때문이다.

일반적으로 나이가 들수록 여자는 과거의 수동적, 의존적, 관계 지향적인 태도에서 적극적, 독립적이며 자기주장이 강해지고 행동도 남성적으로 변한다. 반대로 남자는 집에 있고 싶어 하며 소극적이고 의존성이 강해진다. 이런 변화를 납득하지 못하거나 수치스러워하고 서글퍼하는 경우를 본다.

하지만 바뀐 성향을 통해 이전에는 몰랐던 자신의 능력을 발견하는 기회로 삼을 수 있다. 예를 들어 여자는 '내가 혼자 여행도 할 수 있구나', 남자는 '내가 아이를 잘 돌보는구나' 하고 말이다.

한번은 중년 이후 서로의 바뀐 모습 때문에 10년간 치열하게 싸워온 부부가 상담실을 찾았다. 둘은 "당신은 왜 이렇게 남자답지 못하냐", "당신은 여자가 왜 이렇게 드세냐"라며 서로를 비난했다. 나는 그들을 보며 생각했다.

'둘 사이에 여전히 애정이 있구나. 그렇지 않으면 서로를 투명인간 취급하며 상담하러 오지도 않았겠지.'

그들은 상담을 받으며 타협점을 찾았다. 우선 같이 있으면 서로 비난만 하게 되니 물리적으로 떨어져 지내는 시간을 갖기로 했다. 농촌 생활을 원하던 남편은 시골에 머물면서 밭일을 하고, 아내는 서울에서 친구도 만나고 운동도 하며 자기만의 시간을 보냈다. 그리고 주말에는 자녀와 다 같이 만났다. 각자 자유롭게 하고 싶은 일을 하다가 주말에 만나자 사이가 돈독해지고 싸울 일이 눈에 띄게 줄어들었다. 이는 부부가 중년의 변화를 서로 이해하고 수용하면서 함께 살아갈 방법을 지혜롭게 모색한 사례로 볼 수 있다.

나이 듦에 따라 남성과 여성이라는 성적 정체성보다는 '인간'으로서 자연의 이치를 받아들이면 된다. 무성(無性)의 갓난아이로 태어나 무성의 노인으로 세상을 떠나는 것을 보면, 남성스럽지 못하고 여성스럽지 못한 게 어쩌면 당연하고 자연스러운 일이다.

◦ 빈둥지증후군, 빈 둥지에 나를 담아라

빈둥지증후군은 자녀가 모두 성장하여 부모의 곁을 떠나고, 말 그대로 빈 둥지에 부부만 남았을 때 중년의 부모가 느끼는 상실감과 외로움을 일컫는 말이다. 동시에 이 시기에는 직장에서도 승진이나 의미 있는 역할을 맡을 기회의 한계 등을 절감하게 된다.

이때는 변화를 자연스럽게 받아들이고 자녀 중심의 삶에서 부부 중심의 삶으로 중심추를 옮기는 게 바람직하다. 자녀와의 관계에 집중하던 에너지를 부부 관계로 옮기는 것이다. 물론 하루아침에 저절로 되진 않는다. 부부의 공통된 화제, 취미, 공동체가 있을수록 큰 도움이 된다.

여기서 20-30년간 함께 살아온 부부의 성적표가 여실히 드러난다. 공통된 관심사를 가지고 꾸준히 대화를 이어온 부부는 편안한 친구처럼 지내며 노년을 맞을 것이다. 사실 교회만 함께 다녀도 같은 공동체 안에서 공유할 이야깃거리가 많아진다.

빈둥지증후군을 호소하는 내담자에게 꼭 해주는 말이 있다.

"빈 둥지에 나를 채우세요."

그러면 이런 반론이 돌아온다.

"자녀만 보고 살았는데 이제 와서 나를 어떻게 채워요?"

"내가 무슨 일을 다시 할 수 있을까요?"

"평생 회사만 열심히 다녔는데, 은퇴하고는 뭘 해야 할지 모르겠어요."

내 어머니를 비롯해 수많은 전업주부와 은퇴한 남성의 심정일 것이다. 이럴 때는 평생 하고 싶었던 일이나 어릴 적 못 이룬 꿈 등의 거창한 목표보다 '오늘 하루 내게 즐거움을 주는 일'이 무언지 찾아보길 권한다. 성적을 위한 공부가 아닌 '나를 위한 공부', 돈벌이를 위한 일이 아닌 '보람을 느끼는 일'을 말이다.

이혼 후 부모님과 살던 한 여성은 50세가 넘어서 요양 보호사에 도전했다. 어려서는 스스로 공부를 못한다고 생각했는데, 우울증 치료 후 요양 보호사 자격증을 땄다며 환하게 웃던 모습이 떠오른다. 그녀는 작은 성취로 자신감이 생겼고 주변 사람과 하나님께 감사하다고 했다. 그리고 오랜 시간 자신을 괴롭히던 우울증이 오히려 축복의 통로가 되었다고 고백했다. 중년에 접어들어 소망이 없던 그녀에게 '나를 위한 공부'가 빈 마음을 채워준 것이다.

젊을 때는 진정으로 하고 싶은 일이나 취미가 있어도 사회적 책임과 역할 때문에 포기하는 경우가 많다. 예를 들어 그림 그리는 취미를 갖고 싶어도 자녀가 어리고 교육비가 부담되어 시도조차 못 하다가 자녀가 부모 곁을 떠나면 시간적, 경제적 여유가 생기기에 얼마든지 할 수 있다. 빈 둥지를 보며 슬퍼하기보다 자신의 장점과 내면 성숙에 집중하며 나를 찾아가는 시간으로 채워보자.

◦ 자기중심성 벗어나기

나이 들어 성격이 바뀔 수 있을까? 실망스럽겠지만 성격은 나이 들수록 오히려 더 강화된다. 기능과 생각은 시간이 갈수록 고착되기 때문이다. 또 말이 많아지고 남의 말에 귀 기울이지 않으며 어떻게든 자신이 경험했거나 받아들인 상황을 정당화하려 한다. 그 시간을 부정하면 그 속에 있던 자신의 존재가 근거를 잃는다고 여긴다.

그래서 자기중심성에서 벗어나는 게 건강한 나이 듦의 핵심이다. '나는 옳고 너는 틀리다' 식의 경직된 사고를 버리려 노력해야 편가르기를 안 하고, 내 입장에서 벗어나 타인의 입장에서 한 번 더 생각할 수 있다. 성경은 "형제의 눈 속에 있는 티는 보고 네 눈

속에 있는 들보는 깨닫지 못하느냐"(마 7:3)라고 말씀한다. 자신이 무조건 옳다고 여기는 사람은 편견과 아집이 고착되고 고정관념과 경험에 사로잡혀 남의 이야기를 듣지 않고 비난하기를 즐긴다. 또 주변 사람을 괴롭히고 교회를 분열시키기도 한다.

어떤 남편은 아내가 갱년기만 10년째라고 한다. 이는 몸과 마음이 힘든데 화병처럼 마음의 갈등과 번민이 해소되지 않아 신체 증상으로 나타난 것이다. 주변에 말끝마다 아프다고 하는 사람이 있는가? 그는 실제로 통증을 느낀다. 절대 꾀병이 아니다. 단, 그 원인이 마음에 있을 가능성이 크다.

우리는 자기중심적인 '어른 아이'에서 벗어나 상대의 입장을 헤아릴 만큼 성숙해야 정신적 에너지를 덜 소진한다. 그래야 덜 피곤하고 덜 아프다. 자꾸 몸이 아프다면 내과 검사를 받기보다는 정신건강의 위기 신호로 받아들이고 마음을 들여다볼 차례다.

중년 정신건강의 위기 신호들

◦ 욕심을 못 버릴 때

나이 들수록 욕심을 제어해야 한다. 내 안에 어떤 욕심이 있는지 들여다보자. 간혹 아무 욕심도 없다고 자신 있게 말하는 사람이 있다. 그러나 그도 절대 빼앗기기 싫은 한 가지가 있을 것이다.

많은 사람이 성공과 소유와 인정을 원하고 경쟁에서 이기려는 욕심이 있다. 중년에 접어들어서는 산을 올라갈 때가 있으면 내려올 때가 있다는 자연의 이치를 받아들여야 한다. 올라갈 때 보지 못했던 주변 풍경을 중년에는 천천히 여유 있게 돌아볼 수 있다. 나이 들수록 자존감 안정성을 소유나 세상적 성공이나 자녀에게 찾아서는 안 된다. 더구나 크리스천이라면 내 마음의 안정을 하나님의 자녀 됨, 그 변함없는 진리에서 찾아야 한다.

◦ 나 자신으로 살지 않을 때

자신의 약점은 감추고 강점만 드러내려 하는가? 자신의 진짜 모습이 드러나면 안 된다는 두려움이 있는가? 전문가나 높은 지위에 있는 사람 또는 목회자처럼 대중에게 노출되는 위치에 있을수록 부끄러운 부분은 감추고 좋은 모습만 보이려는 경향이 있다. 그러나 역설적으로 자신을 숨기면 숨길수록 수치심이 커지며 이는 자존감 안정성에 악영향을 미친다.

우리 상담센터에는 목회자 가정이 많이 온다. 놀랍게도 일반 가정에서 상상할 수조차 없는 사연을 듣기도 한다. 이들은 '목사님 가정에서 어떻게 그런 일이 있나?'라는 비난을 받을까 봐 움츠러들고 수치심을 느낀다. 하지만 난 단호하게 말한다.

"목회자 집안이라고 예외는 아니에요. 어느 가정에서나 성범죄, 정신병, 폭력 등이 발생할 수 있어요. 부끄럽게 생각하거나 남의 이목에 신경 쓰지 말고 치료에 전념하세요."

중년의 한 사모님이 몸 여기저기가 계속 아프다며 내원했다. 같이 온 남편 목사님이 "이 사람은 평생 갱년기예요"라고 하길래 내가 말했다.

"평생 화병이신 것 같습니다."

사모의 위치에 있는 많은 여성이 남편이 목회자로 부름을 받았다는 이유로 원치 않는 삶을 살곤 한다. 그러나 나는 본인 스스로 사역자의 소명을 받지 않으면 오랜 마음의 병이 몸으로 나타날 수 있다고 생각한다. 이는 '이제는 누구의 눈치도 보지 않고 나로서 살고 싶다'라는 마음의 외침이다.

참된 사랑은 나를 있는 모습 그대로 받아준다. 그 사랑 안에서 우리는 나로 존재할 수 있으며 두려움도 사라진다. 온전한 사랑이 두려움을 내쫓는 것이다(요일 4:18). 하나님의 사랑을 확신하는 사람은 어떤 상황에서든 두려워하지 않고 자존감을 지키며 떳떳하게 행동한다. 자신이 얼마나 소중한 존재인지 알기 때문이다.

○ **변화를 받아들이지 못할 때**

중년에 찾아오는 여러 변화를 받아들이지 못하면 내 몸이 고생하거나 가족이 힘들어진다. 이 시기에 정신질환과 신경증의 발병률이 최고점에 이른다는 주장도 있다. 또한 알코올중독, 위궤양, 고혈압, 심장병 등이 빈번히 발생하고 결혼 생활에서도 이혼이나 별거, 불륜이나 의심, 집착, 폭력 등이 흔히 일어난다.

또 과민성 신경증, 어지럼증 등 원인 모를 신체 증상이 나타나

건강염려증으로 발전하기도 한다. 병원을 찾은 한 중년 여성은 온종일 소변을 지릴지도 모른다는 두려움에 시달렸다. 완벽한 모습으로 살아왔던 그녀가 나이 들면서 소변 보는 횟수가 늘고 방광이 예민해지자 자존감에 손상을 입은 탓이었다.

이 마음을 떨쳐버리려면 어떻게 해야 할까? 이사야서 57장 16절에 이런 말씀이 있다.

"내가 영원히 다투지 아니하며 내가 끊임없이 노하지 아니할 것은 내가 지은 그의 영과 혼이 내 앞에서 피곤할까 함이라."

하나님께서는 우리가 지칠까 봐 다투지 않고 노하지 않으시며 끝까지 견뎌주신다. 성경 속 하나님의 성품과 사랑을 묵상할수록 내 존재 가치가 깨달아진다. 매일 말씀을 가까이하고 그분의 성품을 묵상하며 두려움을 떨쳐낼 때, 중년이 '위기'가 아닌 '기회'의 시간이 될 것이다.

내 마음 ♥ 응급처치

ACTION PLAN

인생의 오후에 접어든 당신에게 생각의 전환이 필요하다.
지금까지의 고정관념을 내려놓고 새로운 가치관을 받아들일 준비를 해보자.

1. 오늘 하루 내게 즐거움을 주는 일이 무엇인가?

_____

2. 도전하고 싶은 일이나 배워보고 싶은 공부가 있는가?

_____

3. 나는 어떤 일을 할 때 보람을 느끼는가?

_____

4. 위 내용을 실천하기 위해 필요한 것을 구체적으로 적어보자.

시간 : _____

재정 : _____

타인의 도움 : _____

나의 결심 : _____

기타 : _____

Q 중년을 멋있게 보내고 싶어요

열심히 살았는데 폐경과 실직, 목디스크까지 한꺼번에 와서 마음이 꺾입니다. 다시 직장도 구하고 열정적으로 살고 싶은데 진전이 더디네요. 어떻게 하면 중년을 다시 활력 있게 살 수 있을까요?

A 진짜 내 인생을 시작하세요

몸이 아픈 건 우울해지는 가장 큰 원인이기도 해요. 저도 처음 목디스크 판정을 받았을 때는 굉장히 우울했어요. 하지만 이내 '내가 그동안 열심히 일했구나. 이건 내 훈장이다'라고 받아들였지요. 그리고 부지런히 운동하면서 재활에 힘쓰고 진료 시간도 줄이는 등 노력했더니 마음이 훨씬 가벼워졌습니다. 몸이 나이 드는 걸 우울해하지 말고 고쳐가면서 쓰면 된다고 생각하세요.

그리고 '폐경'이란 말을 '완경'으로 대체하면 좋을 것 같아요. 모성의 삶은 완성되었고, 여성의 삶은 계속된다는 의미지요. 지금껏 모성의 과업을 달성하기 위해 남을 위해 살았다면, 이제는 자신을 위해 살아보세요. 그동안 잊고 살았던 자신에게 집중하면서 '진짜 내 인생'을 시작할 수 있습니다.

또한 몸이 아프고 힘들더라도 반드시 몸을 움직이세요. 몸을 자꾸 깨워야 신체 리듬이 유지되고 노화도 막을 수 있어요. 노동은 정신건강에 매우 유익해요. 집에만 있으면 아픈 몸에 더 집착하게 되므로 직장이 없다면 새로운 걸 배우거나 봉사활동을 하며 하루에 한 번 꼭 외출하세요. 그리고 앞으로는 자신이 하고 싶은 일을 하며 살기를 결단해보세요. 자신을 위해 일하고 공부하고 배우는 시간을 가져보길 권합니다. 인생 후반전을 기대하세요! 중년 이후의 삶은 가을과 같이 풍성한 결실의 계절이니까요.

ⓠ 어린 사람들한테 멸시와 왕따를 당하고 있습니다

75세 된 은퇴 장로인데, 50년간 해온 자영업을 그만두고 이웃 가게에 취업했어요. 돈도 돈이지만 그동안 쌓아온 노하우를 나누고 싶었거든요. 그런데 저보다 어린 사람들한테 멸시와 왕따를 당하고 있어서 마음이 상합니다.

Ⓐ 비난하기보다 유연한 마음을 가지세요

50년의 노하우를 알려주고자 취업한 취지는 참 좋아요. 그런데 자기 일을 하던 사람이 남의 밑에서 일을 못 한다고 할 만큼 한 분야에서 오래 일한 사람은 '나 때는 말이야'라는 태도를 보이기 쉬워요. 이를 '기능적 고착화'라고 하는데, 사고의 기능이 고착되어 새로운 기능을 습득하기 어려운 상태를 말합니다.

혹시 '함께 일하는 사람'을 '내가 알려줘야 하는 사람'으로 여기진 않았나요? 그래서 동료 직원들에게 가르치려는 태도로 다가가진 않았나요? 새로운 직장에선 그곳의 문화를 배우려는 자세가 필요합니다.

또 젊은 사람들에게 무엇이 필요한지를 들어보세요. '노하우 전수'라는 목적 대신 그들과 소통하는 유연한 마음이 필요할 것 같아요. 능력은 좋은데 같이 일하기 싫은 사람과 능력은 부족해도 같이 일하면 즐거운 사람 중 어떤 사람과 일하고 싶나요? 대부분은 능력보다는 '같이 일하면 즐거운 사람'을 선호한다고 해요. 노하우 전수보다 같이 일하면 즐거운 사람이 되는 데 집중해보세요.

소위 '꼰대'가 되지 않으려면 상대의 이야기를 귀담아듣고 새로운 걸 받아들이고 적응하는 태도를 키워야 해요. 과거에 집착하거나 자기 생각과 다르다고 판단하고 비난하기보다 호기심을 갖고 새로운 방법도 받아들이는 유연한 사고를 하길 바랍니다.

7
chapter

언제까지 참아줘야 할까?
_성인 자녀와 잘 지내기

성인 자녀와의
화목한 동거

　　2018년에 한국보건사회연구원이 발표한
'성인자녀 부양 특성과 정책과제' 보고서에 의하면, 만 25세 이상
자녀를 둔 중장년층의 39%가 졸업하거나 취업한 미혼의 자녀, 심
지어 결혼한 자녀를 계속 지원한다고 응답했다. 청년층 실업률과
미혼율 증가도 성인 자녀 부양에 대한 부담을 부추긴다.

　평균 기대 수명이 길어지고 자녀의 독립이나 결혼이 늦어지면서
미성년 자녀와 함께 사는 기간만큼 성인 자녀와 사는 시간도 길
어지고 있다. 예전에는 자녀가 이십 대 초중반만 되면 독립하거나
결혼하여 집을 떠났는데, 지금은 사십 대가 되어서도 부모와 살거
나 노인이 된 자녀가 노인 부모를 부양하는 경우까지 늘고 있는
추세다.

이로 인해 여러 문제가 발생하면서, 다 큰 자녀와의 화목한 동거를 꿈꾸는 사람이 많다. 부모가 성인 자녀와 더불어 살기 위해 어떻게 해야 할까? 또 성인 자녀는 부모와의 관계 재정립을 위해 어떤 노력을 해야 할까?

한 삼십 대 여성이 엄마와 함께 병원을 찾았다. 그녀는 울면서 말했다.

"'엄마'라는 단어를 떠올리면 따뜻함이 떠올라야 하는데 마음이 힘들어요. 저는 엄마랑 있으면 불편해서 매일 심하게 싸워요. 성격도 안 맞고 도저히 같이 못 살겠어요. 그런데 나가 살려고 해도 돈도 없고 부모님도 허락을 안 해주세요."

어느 딸이 엄마에게 인정받고 싶지 않을까. 그녀의 분노의 원인은 인정받고자 하는 욕구가 채워지지 않은 결핍에 있었다. 그래서 외부의 인정을 끊임없이 갈구했다.

그녀의 엄마도 분명히 처음에는 좋은 엄마가 되려고 노력했지만 방법을 알지 못해 딸과 불화할 수밖에 없었을 것이다. 나는 그녀에게 항우울제를 처방하기보다는 어린 시절 트라우마를 상담하고 대화법을 지도하는 편을 택했다(정신의학의 초점이 과도하게 약물치료에 맞춰져 있다는 사실을 전문가인 나도 잘 안다).

자녀가 우울이나 조울 등 감정 조절의 문제가 심각하거나 조현병을 앓는 경우에도 가족 갈등이 따라오기 마련이다. 도저히 자녀의 상태가 이해되지 않더라도 자녀를 비난하거나 부모로서 자책하지 말길 바란다.

상담실에 와서 우는 부모가 참 많다. 자기가 잘못 키워서 자식이 '아직도 이 모양'이라고 말한다. 나는 이 갈등이 어느 한쪽의 잘못이 아니라 서로 기대하는 바가 다르기 때문일 뿐이라고 말한다. 또 부모와 자식이 서로 기질적으로 매우 다른 경우도 많다. 그로 인해 부모를 애먹이는 자녀들이 있는데, 이는 부모가 잘못 키워서가 아니라 아이의 성향이 그런 것이다.

자녀는 '난 이제 성인이니 부모가 그만 간섭했으면 좋겠어'라고 주장하고, 부모는 '넌 아직도 애야. 성인이면 독립해야지, 우리한테 여전히 의존하잖아'라는 시각으로 자녀의 기대를 꺾는다. 서로 모순된 상황 속에 있기에 갈등이 커져만 간다.

부모는 성인이 된 자녀가 어른스럽지 않고 한심한 모습일지라도 독립된 한 성인임을 받아들여야 한다. 자녀도 진정으로 아이 취급을 받고 싶지 않다면 부모로부터 심리적, 경제적, 때로는 물리적 독립을 준비해야 한다. 부모 자식이 서로를 비난하고 감정의 쓰레기통으로 여긴다면 각자 자신을 돌아보는 게 우선되어야 한다.

부부도 마찬가지다. 사실 감정의 쓰레기는 결혼 전부터 각자의 원가정에서 시작되어 혼인 관계까지 짊어지고 온 것이다. 그래서 서로를 탓하기 전에 자신을 돌아보는 게 우선이기에 부부 상담보다는 개인 상담을 먼저 권한다. 부부 중 한 사람이라도 먼저 변화하기로 결심하면 희망적이다.

자녀 문제로 부모와 상담을 하다 보면 삭개오가 떠오른다. 마치 삭개오가 나무에 먼저 올라 예수님을 바라보았을 때, 예수님이 그의 이름을 부르시고 그 집에 유하시면서 "너와 네 집안이 구원을 얻으리라"라는 확답을 주셨던 것처럼 가정에서 한 사람의 변화가 가정의 구원으로 이어지는 경우를 종종 본다. 그런데도 "왜 나만 치료를 받아야 하나"라며 억울해하는 사람이 있다. 나는 그에게 이렇게 말한다.

"당신이 상태가 가장 좋아서 먼저 치료를 받는 것입니다. 가정을 구원에 이르게 한 삭개오처럼 나무에 먼저 오르지 않겠어요?"

다음은 가족 구성원이 서로 잘 지내기 위한 구체적인 노력들이다.

○ 감정의 쓰레기는 스스로 처리하라

간혹 남편 혹은 시어머니와 갈등이 심한 엄마, 회사에서 스트레스가 극심한 아빠가 자신의 힘듦을 자녀에게 투사하는 경우가 있다. 부모가 자신의 결핍을 자녀를 통해 보상받으려는 건 자녀와 정서적 분리가 되지 않았기 때문이다. 자녀를 소유물로 여기며 '내가 너보다 더 많이 안다'라는 생각을 전제로 자녀를 조종하려는 것이다.

1997년 IMF 시절, 가정마다 어려움이 이루 말할 수 없었다. 부모가 진 빚 때문에 자녀가 학업을 포기하거나 유학을 중도 포기하고, 부부가 이혼을 하고, 가장이 질병에 걸리거나 스스로 목숨을 끊는 등 거센 폭풍이 휩쓸고 지나갔다.

당시 막 개원한 나는 삼십 대 젊은 의사로서 너무나 마음이 아팠다. 그러면서 한편으로 의문이 들었다.

'대체 가족이란 뭘까?'

가족은 함께 힘듦을 이겨낼 수 있는 혈연 공동체이지만, 그 가운데 누군가의 희생이 존재한다. 그런 상황에서 "너만 고생했냐? 나도 고생했어"라고 말하는 건 전형적인 꼰대의 어조다. 가족의 평화와 유지를 위해 '희생양'(scapegoat, 집단이나 가족에서 어려움이나 문제의 원인으로 지목되거나 비난받는 사람)이 있음을 인정하며 그에게 보상할 건 보상해야 한다.

어떤 부모는 "그러면 자녀가 스스로 잘난 줄 알까 봐 안 된다"라고 말한다. 하지만 억누르기, 평준화하기, 편가르기, 합리화와 변명 등은 전부 자기방어적 행동이자 폭력이기에 상대에게 큰 상처를 준다. 부모라면 이런 자기중심적 사고에서 벗어나야 한다.

또 자신의 짐을 가족이 지게 하지 말아야 한다. 각자 직면하고 해결해야 할 감정의 쓰레기를 가장 만만한 자녀 혹은 부모가 덜어 주기를 기대하고 요구하는데, 그건 자신이 비워야지 가족에게 퍼부으면 안 된다.

절대 해서는 안 될 한 가지가 상대를 화나게 하는 것이다. '분노'라는 감정은 그동안 쌓아온 행복과 긍정적인 감정을 순식간에 소멸시켜 버리기 때문이다. 부모 자녀 관계에서도 성인 대 성인이라는 사실을 명심하자. 자신이 감정 조절을 못 해서 상대를 화나

게 했다면 응당한 책임을 져야 한다. 가족이라는 이유로 '이 정도는 이해해주겠지' 하고 넘어가거나 갈등이 커질까 두려워 덮어버려서는 안 된다.

많은 기독교 가정이 분란 없이 화평해야 한다는 강박 때문에 갈등으로 인한 희생양이 존재하는데도 모른 척 넘어가며 서로를 속이는 걸 본다. 하지만 사과는 반드시 말이나 글로 전해야 한다. 또 아무리 가까운 가족이어도 선불리 지적하거나 충고하기보다는 자신을 먼저 돌아보자.

화를 심하게 냈다면 상대의 문제인지, 내 감정의 문제인지 분별하자. 자식에게 화를 내는 건 부모로서 해도 되는 일이라고 여기는 사람이 많다. 크리스천 부모 중에도 '너는 틀렸고 내가 옳다'라는 가치관을 가진 사람을 종종 본다.

"우리 아이가 가출했어요. 그런데 그 이유를 모르겠어요"라고 하던 한 부모의 경우, 성인 자녀는 가출 신고가 되지 않는다는 걸 처음 알았다고 했다. 아마 가출한 자녀는 부모와 대화를 해도 도저히 자신이 이해받지 못할 거라고 생각했을 것이다. 한번은 "우리 애가 동성애자는 아닐까요?"라고 하면서 성인 자녀의 일기나 휴대폰을 훔쳐보는 부모도 있었다. 이 일은 부모 자녀 관계를 더욱 악화시켰다.

성인 자녀가 "제발 내 방에서 나가주세요"라고 말한다고 해서 화내거나 상처받지 말라. 혼자 조용히 감정을 식힐 시간이 필요하다는 정중한 부탁이다.

◦ 자기 역할에 충실하라

누구나 화목한 가정을 꿈꾸지만 현실은 진흙탕인 순간이 많다. 그러나 그럴수록 좌절하거나 이견이나 갈등을 회피하지 말고 직면해야 한다. 한 내담자가 자신의 가정이 소위 '콩가루 집안'이라며 슬퍼했다. 나는 그의 손을 꼭 잡고 말했다.

"모든 관계에는 갈등이 있어요. 아주 정상이에요."

성경에 "할 수 있거든 너희로서는 모든 사람과 더불어 화목하라"라는 말씀이 있다(롬 12:18). 사도바울도 선교 여정 가운데 수많은 분란과 갈등을 겪었음을 알 수 있다. 여기서 "할 수 있거든"은 모든 사람과 평화로울 수 없다는 걸 전제한다. 즉 다른 사람과 잘 지내기 위해 가능한 한 선한 일을 도모하되 적당한 거리두기를 하며 자기 역할에 충실하라는 것이다.

자녀는 자녀의 역할, 곧 인생의 목표를 세우고 주어진 일에 최선을 다하며 앞날을 개척하는 역할에 충실해야 한다. 심리학에서 말하는 이삼십 대의 목표는 '일과 사랑'이다. 일을 통한 성취와 인간관계 전반에서 사랑과 친밀함을 경험하는 게 그들의 과제다. 하지만 이 목표를 소홀히 한다면 자신의 짐을 부모에게 맡기게 된다.

부모의 역할은 '끝까지 자녀의 편이 되어주는 것'이다. 요즘 자녀들은 어느 때보다 사회적으로 고립되고 외로움에 취약한 환경에 놓여있다. 비록 갈등이 해결되지 않았어도 자녀에게 '엄마 아빠는 항상 내 편'이라는 믿음을 심어준다면 성공적인 부모 자녀 관계라고 본다. 미성년 자녀든, 성인 자녀든, 노년 자녀든 늘 그 뒤에 부모가 지키고 있다는 믿음 말이다. 그런데 많은 자녀 세대 환자가 이런 마음을 털어놓는다.

"집에서 얘기하기가 제일 힘들어요…."

한번은 막 스무 살이 된 환자가 스스로 예약하고 상담실을 찾았기에 물어보았다.

"부모님한테는 말씀드렸니?"

그가 고개를 가로저었다.

"그럼 내가 대신 말씀드릴까?"

역시 싫다고 완강하게 답했다. 그동안 부모와 얼마나 많은 상처를 주고받았을까 싶었다. 가족 간 감정의 소통이 부재하면 자녀는 '내 부모는 절대 바뀌지 않아'라고 생각하게 된다. 그와 서너 달 상담한 후에 부모를 만났다. 그들을 보니 그가 완강히 거부한 이유를 알 것 같았다. 그러나 처음에는 많은 부모가 자녀가 상담을 받는 것에 거부감을 느끼다가도 조금씩 회복되는 모습을 보면서 자신의 잘못을 깨닫기도 한다.

부모도 자녀를 성인으로 인정하기로 결심했다면 먼저 경청해야 한다. '내 딸이(아들이) 도대체 무엇이 힘든 걸까?' 하며 최대한 자녀의 입장이 되어보라. 그러려면 뉴스, 신문 기사, 미디어를 보고 SNS를 해보는 등 요즘 세대를 이해하기 위한 노력도 필요하다. 이들은 부모 세대와 달라도 너무 다르다. 제발 '나 때'의 관점으로 자녀 세대를 평가하지 말라.

◦ 상처 주는 언어와 비언어적 행동을 하지 말라

정신과에선 소통의 90%가 비언어(눈빛, 표정, 몸짓, 태도, 목소리, 말의 억양)와 관련이 있다고 본다. 자녀가 집에 돌아왔을 때 집안일을 하면서 "어, 왔니?"라며 형식적인 인사말을 던지는 것과 하던일을 멈추고 다가가 "오늘은 어땠니, 힘들었지?"라고 말하는 건하늘과 땅 차이다.

말은 "그래, 알았다. 너 하고 싶은 대로 해봐"라고 하면서 싸늘한 눈으로 한숨을 쉰다면 상대는 "그래, 어디 한번 해봐라. 고생을 해야 철이 들지. 참 잘도 되겠다!"라는 비난의 메시지로 듣는다. 불신은 바로 느껴지는 법이다.

또한 서로 투명 인간 취급하는 경우도 종종 있다. 집에 오면 인사 한마디 없이 곧장 방으로 들어가 버리고 부모는 자녀를, 자녀는 부모를 모른 척한다. 이유를 물어보면 꼴도 보기 싫어서 그랬단다. 이처럼 말로 하지 않아도 가족 안에서 벌어지는 모든 행동에는 속 깊은 의미가 담겨있다.

잠언은 우리의 혀를 누르고, 욕설을 피하고, 진실을 말하고, 친절하게 말하고, 말하기 전에 생각하고, 주의 깊게 듣고, 이해하려는 태도를 보여야 한다고 말씀한다. 한 번 볼 사람에게는 친절을 베풀면서 가장 소중하고 친절히 대해야 할 가족에게는 함부로 말하지 않았는지 돌아보자.

○ 조건을 달지 말라

"네가 취직하면 생각해볼게", "그 학교 합격하면 해줄게", "내가 너 때문에 얼마나 희생했는데!", "우리 집이 얼마나 힘든지 알아?" 등등 부모의 조건적 보상이나 사랑, 죄책감을 자아내는 푸념을 들으면 자녀는 불안하다. 뭔가를 하고 싶어도 선뜻 도전하지 못하고, 쉬고 있어도 불안하고, 일을 해도 늘 죄책감과 압박에 시달린다.

부모와 자녀가 주고받는 상처는 어떤 인간관계보다 치명상을 입힌다. 특히 자녀는 있는 그대로 사랑받지 못한다는 수치감을 느끼고 자존감 안정성 형성에 부정적 영향을 받는다. 부모님이 원하는 모습이 되어야만 사랑받을 수 있다는 전제가 깊이 뿌리내린다. 이런 상처에 기반한 잘못된 믿음은 하나님의 자녀로서 무조건적 사랑과 수용을 경험해야만 치유되는 걸 본다.

심지어 형제자매끼리 비교당하는 일도 있다. 또 직접적인 비교를 당하지 않아도 자신의 부족함이 드러나면 자격지심에 빠지기도 한다. 놀랍게도 여성 식이장애 환자 중 대부분이 엄마나 자매가 아주 날씬하다. 그래서 '왜 나만 이렇게 먹는 대로 살이 찔까?' 하는 자괴감에 다이어트를 시작하고 쉽게 강박에 빠진다. 반면 평생 살쪄 본 적이 없는 날씬한 가족들은 폭식증으로 살이 찐 가족을 이해하지 못한다.

만일 자녀를 더욱 사랑하고 품기로 결단했다면 조건을 달지 말아야 하며 부모의 뜻대로 조종하려 해서도 안 된다. 또 부모나 자녀에게 받은 상처를 대물림하지 않기로 결단했다면 성경 속 하나님의 성품을 수시로 묵상하라. 오히려 갈등을 조건 없는 사랑을 베푸는 성숙에 이르게 하는 긍정적인 도구로 선용할 수도 있다.

자기중심적 사고
벗어나기

우리 안에 깊이 뿌리 내린 자기중심적 태도는 바람직한 의사소통을 방해한다. 이는 자기 방식만 고수하며 상대를 비판하고 판단하거나 고정관념을 가지고 개인 차이를 받아들이지 못하며, 스스로 인정받지 못하거나 무시당한다는 기분을 참지 못하고 쉽게 위협을 느끼거나 회피하는 태도 등을 말한다.

이런 태도가 표정, 몸짓, 목소리 등 비언어적 행동에 무의식적으로 투영되면 상대에게 상처를 준다. 또 친밀한 가족일수록 상대가 전하는 메시지를 자신의 경험을 기반으로 잘못 해석하거나 판단하게 된다. 그러므로 색안경을 끼고 가족을 바라보진 않았는지, 자신의 언어와 비언어적 행동이 상대를 존중하는지 늘 돌아봐야 한다.

○ **기능적 고착화에서 벗어나기**

기능적 고착화란 자기 틀에 갇혀 그 안에서만 답을 찾으려는 경향이다. 우리의 인지는 기존의 틀 안에서 사고하도록 습관화되어 있다. 이것이 강화되면 '나는 옳고 너는 틀리다'의 늪에 빠진다. 이는 가정뿐 아니라 사회에서도 큰 문제다.

많은 부모가 이삼십 대 성인 자녀를 이기주의와 개인주의의 틀에 가둬서 바라본다. 근성이 없고 자기주장만 한다고 여긴다. 부모 세대는 형제들 틈에서, 학생이 70-80명인 학급에서 내 것을 양보하는 게 미덕이라고 배우며 자랐다. 하지만 요즘 아이들은 20명 정도 되는 학급에서 원하는 걸 쓰고, 먹고 싶은 걸 먹고, 하고 싶은 걸 하며 자랐기에 자기주장이 강할 수밖에 없다. 부모 세대가 뒷바라지한 대로 자란 것이다.

자녀의 성장 배경과 그들이 직면한 현실을 이해할수록 자녀와의 간극을 좁힐 수 있다. "내 말이 옳아", "우리 때는 다 그렇게 살았어", "이렇게 풍족한데 뭐가 문제야?"라며 자녀의 입장과 마음을 이해하지 못하면 꼰대가 된다.

급변하는 시대 속에 '나 때'만 강조하는 부모도 있지만, 자기 틀만 고집하고 부모의 마음을 헤아리지 못하는 자녀도 있다. 부모와 자녀가 서로를 이해하려는 작은 노력이 갈등의 실마리를 풀 수 있다.

○ **다름을 인정하고 선을 넘지 말기**

많은 경우 자녀는 부모가 융통성이 없다고 답답해하고, 부모는 자녀가 매사를 대강대강 한다며 못마땅해한다. 지나치게 원칙만을 고집하면 '융통성 없는 원칙주의자'가 되기 쉽고, 반대로 너무 융통성을 부리면 '줏대 없는 적당주의자'가 된다. 그렇다면 어떻게 균형을 잡아야 할까?

먼저는 나와 상대의 성향이 어느 쪽에 가까운지 알고 받아들이는 게 중요하다. 한 사람은 자기 원칙을 지나치게 고집하는 강박적 성향이 강하고, 또 한 사람은 감 잡히는 대로 움직이는 본능적 성향이 짙다면 둘의 모습이 다를 수밖에 없다. 하지만 성향이 다르다고 함께하지 못한다는 법은 없다.

사회생활에 적정선과 상식이 있듯이 가족 간에도 지혜롭게 대화하고 함께 문제를 해결해가며 성인 대 성인으로 선을 지키면 된다. 한 배에서 태어난 형제도 성향이 제각각이다. 상대가 나와 맞지 않는다고 단정 짓지 말고 다름을 있는 그대로 받아들이자.

자가 점검
리스트

자기중심적 사고에서 벗어나겠다는 각오로 다음 질문에 답하며 자신을 돌아보자.

○ **성인 자녀 체크리스트**
1. 책임감 있는 성인으로 성장하고 있는가?
요즘 많은 청년이 '서른 증후군'을 겪는다. '서른이 되었는데 아무것도 이룬 게 없어 부모의 눈치가 보인다', '친척, 친구와 비교하며 상대적 박탈감에 시달린다'라고 호소한다. 어디에도 정답은 없지만, 정답을 요구당하는 기분으로 서른을 맞이하는 것이다. 세상이 정해놓은 기준에 매이지 말고 스스로 책임감 있는 어른으로 성장하고 있는지 생각해보자. 부족하다면 무엇을 보완해야 할지 적어보자.

2. 재정적 안정을 찾기 위해 노력하는가?

비트코인, 주식, 부동산 투자 등을 말하는 게 아니다. 통장 관리, 카드 지출, 용돈 활용 등 전반적인 재정 관리와 지출 습관이 현재 어떤지, 학업과 취업 등을 통해 장기적인 재정 계획이 있는지 돌아보자.

3. 더불어 사는 집에서 지켜야 할 규칙을 따르는가?

기숙사 룸메이트 사이에서도 지켜야 할 규칙이 많듯이 가정도 마찬가지다. 가족 구성원을 존중하고 집에서 지켜야 할 규칙을 준수해야 한다. 다만, 부모가 규칙을 일방적으로 정하지 말고 구성원의 상황에 따라 조율하며 합의해야 한다. 늦게 귀가하거나 새벽에도 음악을 틀어놓거나 화장실이나 거실, 주방 등 함께 쓰는 공간에서 가족에게 피해를 주지는 않았는지, 생활 규칙을 잘 지켰는지 돌아보자.

4. 결혼, 비혼, 독립, 취업 등 계획을 부모와 의논하는가?

인생의 대소사에 관한 소신을 부모에게 밝혀야 한다. 부모가 이런 이야기를 꺼내면 예민하게 반응하며 언쟁하지 말고, 자신의 계획을 밝히며 지혜롭게 의논할 수 있어야 한다.

5. 올바른 생활 습관을 갖고 있는가?

요즘 게임, 스마트폰, 운동 부족 등으로 중장년뿐 아니라 청년들의 건강이 위태롭다. 몸과 마음의 건강을 위해 균형 잡힌 식사, 충분한 수면, 규칙적인 운동 루틴 등 올바른 생활 습관이 있는지 돌아보자.

○ 중년·노년 부모 체크리스트

1. 나이 듦의 불안을 자녀에게 투사하지 않는가?

불안을 건강염려나 다른 중독 등 건강하지 못한 방법으로 해결하진 않는지, 자녀의 건강까지 과도하게 염려하진 않는지 돌아보자. 자녀가 잘못될 것 같은 두려움과 염려가 오히려 자녀와의 갈등을 유발한다.

2. 건강관리를 위해 어떤 노력을 하는가?

건강을 지키기 위해 병원에 다니거나 운동을 하는 등 노력을 하는지 살펴보라.

3. 빈둥지증후군에 대비하는가?

두세 명의 절친한 친구와 관계를 돈독히 쌓으면 좋다. 밥도 먹고 안부도 물으며 교제를 통해 심리적 안정감과 채워짐을 경험하라. 내 결핍과 외로움을 자녀를 통해 채우려고 하지 말라.

4. 경제적 상황을 가족과 의논하는가?

집안 사정을 가족과 공유하는 게 중요하다. 갑자기 가정 경제가 휘청이거나 압류되거나 이사하는 등 어려운 상황에 맞닥뜨리면 자녀는 몹시 두렵다. 자녀가 불안해할까 봐 이를 숨기면 나중에 더 큰 충격을 받는다. 가정의 상황과 어려움을 차분히 나누고 이해시켜야 자녀도 존중받는다고 느끼고 대비할 수 있다.

내 마음 ♥ 응급처치
ACTION PLAN

가정에서 부모와 자녀 간에 선을 넘지 않는 루틴을 만들자.

1. 부모

1) 내가 자녀에게 지켜야 할 선

    말 : _____

    행동 : _____

    습관 : _____

2) 자녀가 지켜주길 바라는 선

    말 : _____

    행동 : _____

    습관 : _____

2. 자녀

1) 내가 부모님에게 지켜야 할 선

    말 : _____

    행동 : _____

    습관 : _____

2) 부모님이 지켜주길 바라는 선

    말 : _____

    행동 : _____

    습관 : _____

Q 취업을 못 해서 부모님과 갈등이 심해요

부모님은 환갑이 다가오고 저는 삼십 대에 접어들었지만, 일자리는커녕 알바도 못 구하고 있습니다. 지난해에 마지막이라 생각하고 취업을 준비했는데 쉽지 않았어요. 그런데 최근 부모님이 자꾸 주변에서 들은 성공 사례를 제게 강요합니다. 의견 충돌도 잦고 대화도 안 돼요. 갈등이 깊어지니 제 인생을 로그아웃하고 싶은 기분이에요.

A 부모님과 심리적, 물리적 거리가 필요합니다

'리셋 증후군'(reset syndrome, 현실도 리셋이 가능할 거라 착각하는 사회적 병리 현상)이라는 게 있습니다. 소위 '이생망'(이번 생은 망했다)이라고 하지요. 컴퓨터 게임을 망치면 스위치를 꺼버리고 재부팅 하고 싶은 마음, 삶을 그렇게 '리셋'하고 도망치고 싶은 마음이에요.

지금 딱 이 마음 상태인 것 같아요. 내 상황을 이해하기는커녕 비교만 하는 부모에게, 스스로 헤쳐나가지 못하는 무능한 자신에게, 취업 문이 더 좁아진 사회에, 아무 일도 안 하시는 것 같은 하나님께 굉장히 답답하고 화가 났을 것 같아요.

분노가 무조건 나쁜 건 아닙니다. 분노가 생기는 건 반드시 정당한 이유가 있어요. 부모님과 갈등하는 건 생각이 달라서일 뿐이에요. 다음 네 가지 처방을 하나씩 실천해보세요.

1. 주변에 믿을 만한 사람에게 마음을 털어놓으세요.
2. 분노가 심각하다면 심리상담이나 그룹 치료 등 전문가의 도움을 꼭 받으세요(도움받는 걸 자책하지 마세요).
3. 생각을 정리해서 부모님에게 정확하게 전달해보세요. 그래도 해결되지 않으면 당분간 이야기하지 않는 것도 방법입니다. 부모님과 물리적 거리두기, 즉 분가를 고려해보세요.
4. 꿈과 목표를 설정하고, 작은 성취감을 쌓아가세요.

사실 부모님에게 하고 싶은 말이 더 많습니다. 부디 자녀를 있는 모습 그대로 바라보고 기다려주세요. 자녀가 처한 상황과 고통을 이해하지 못하고 가르치려 든다면, 자녀는 부모를 신뢰하지 못하고 선입견과 마음의 벽이 생겨서 더한 상처를 주고받을 뿐 소통은 어려워져요.

자녀를 주변과 비교하며 노하게 하지 마세요. 폭언이나 폭력은 지금껏 쌓아온 좋은 감정과 기억을 단번에 불사르는 행동이며, 변화하려는 생명의 씨앗을 발로 뭉개는 일입니다. 자녀의 분노는 관계를 더 악화하고 죄책감이나 좌절감, 무기력과 우울증을 일으킬 수 있어요. 분노는 전염성이 커서 가족 전체가 분노에 휩싸일 수도 있고요. 자녀가 진정 성숙한 크리스천이자 사회인으로 성장하길 바란다면 부모도 자신의 말과 비언어적 행동을 돌아보고 무엇보다 자녀의 이야기를 들어주어야 합니다.

새로 생긴 정신과 진단명 중 '비자살성 자해'(nonsuicidal self injury)

가 있습니다. 죽을 의도는 없는 자해 행위로 자살할 마음도 용기도 없지만, 현재의 고통에서 벗어나기 위해 신체에 고통을 가하는 행동을 말하지요. 만일 자녀가 이런 격한 모습을 보이더라도 요란하게 반응하거나 혼내지 마세요. 비난과 책망을 받으면 힘든 걸 표현 못 하고 더 숨고 맙니다.

자해나 중독은 심리적 고통을 표현하는 잘못된 방법이지만, 힘들다고 외치는 울음이자 소통 방식입니다. 크리스천이 어떻게 그런 행동을 하느냐고 혼을 내기보다는 자녀가 하고자 하는 말이 무엇인지 귀를 기울여야 합니다. 만일 그런 행동이 반복된다면 무시하거나 덮어버리지 말고 자녀를 보호하기 위해 정신과 치료도 고려하세요.

Q 결혼 문제로 아들과 자꾸 부딪힙니다

아들이 사십 대 중반이 다 되어가는데 결혼을 할 생각이 전혀 없어 보여서 걱정이에요. 연애를 해도 금방 헤어지고요. 누구에게나 친절한 편이라 나름 인기가 많고 연애도 잘하는데, 사귀고 나면 귀찮아하고 심드렁한 게 보여요. 두 번 정도는 결혼 직전까지 갔어요. 나중에 아들에게 들어보니 여자 쪽에서 결혼을 원하는데 거절하지 못해 질질 끌었던 거였어요. 몇 년 전부터는 결혼 얘기를 하면 자꾸 부딪혀서 얘기를 안 하게 됩니다. 언제까지 참아줘야 할까요?

Ⓐ 자녀의 말을 경청하는 게 우선이에요

언제까지 참아줘야 하냐는 말이 참 와닿아요. 그런데 그 안에 부모의 자기중심적인 생각이 엿보입니다. 자녀 세대의 환경이나 상황을 충분히 듣고 '그래도 난 네 편이야'라는 인식을 심어주어야 해요.

요즘 세대는 결혼에 대한 순서와 속도가 부모 세대와 많이 달라요. 수명도 길어졌고 결혼 적령기도 늦어지는 추세예요. 최근 부모와 성인 자녀의 상담이 부쩍 늘고 있어요. 부모와 자녀가 각자 자기 틀에 갇혀서 서로를 못 보고 상처만 줍니다. 저는 그 사이에서 각 입장을 대변하는 메신저 역할을 하지요.

사실 자녀에게 가장 큰 상처는 부모에게 이해받지 못하고 수용되지 못하는 거예요. 자신을 한심하게 바라보는 부모의 눈초리나 한숨, '여자친구(남자친구)를 언제 데려오냐'는 질문 하나에도 상처를 받아요. 부모는 그저 답답한 마음에 자녀를 공격할 의도가 없어도 자녀는 자기 존재를 부정당하는 듯한 깊은 수치심을 느낄 수 있습니다. 그래서 부모가 소개하는 이성은 만나려 하지 않고, 결혼 이야기만 나오면 예민해지지요. 이런 자녀의 마음을 헤아려주세요.

성인 자녀들은 많이 외롭습니다. 연애도 안 되고, 가족들은 압박하고, 내 생각을 말해도 이해받지 못하는 상황 속에서 소통의 문을 닫게 되지요. 주변은 다 잘 사는 것 같은데 자기만 뒤처지는 상황에서 부모마저 자기 편이 아니라면 박탈감과 고립감이 상당할 거예요.

그 외로움을 다른 방법으로 해결하려 들 수도 있어요. 밖으로 돌거나 아예 대인기피가 생겨서 집에만 있거나 게임, 컴퓨터, 음식, 일 중독 등 여러 중독 현상에 빠질 수 있습니다.

"그럼 결혼하지 않은 채 내버려 둬요?"라고 묻는 부모들이 있어요. 하지만 저는 "결혼할 준비가 되어 있지 않은데 부모로부터 벗어나고 싶어서 서둘러 결혼하는 게 맞을까요?"라고 되묻고 싶어요.

무엇보다 자녀의 말을 경청하는 게 우선이에요. 자녀와 성인 대 성인으로 대화를 시도하세요. 자녀에게 상처를 주었다면 적극적으로 사과하세요. 자기중심적인 생각을 버리고 자녀의 입장을 헤아리는 노력을 해보길 바라요.

또한 성인 자녀와 한집에서 생활할 때 가장 중요한 건 생활 습관과 언어 습관, 경제 관념입니다. 서로 주의할 사항을 세우고 존중하며 지켜나가는 노력이 필요해요. 성인 자녀가 미혼이든, 기혼이든 적정한 경계를 지켜야 평화롭습니다. 부모 자녀 관계라 할지라도 선을 넘는 행동은 자제하세요! 부모가 자꾸 간섭하면 연애를 시작조차 하지 않을 수 있어요.

Q 게임에 빠진 아들과 관계 회복을 하고 싶어요

결혼 후 계속 학원 강사를 하다 보니 오후부터 밤늦게까지 자녀 양육을 친정어머니가 도와주었어요. 남편은 직장 동료와 늦은 시간까지 술을 마시고 자녀 양육을 돕지 않아 부부싸움이 잦았습니다.

아들은 초등학생 때부터 PC방에 드나들었어요. 현재는 대학 졸업 후 취업 준비를 할 시기에 게임에 빠져 살고 있고요. 새벽까지 게임하고 대낮까지 자다가 오후부터 다시 게임하는 일상을 반복합니다. 그러다 보니 건강검진에서 간 수치가 높게 나왔고 관리하라고 했지만 귀담아듣진 않았어요. 그런데 얼마 전 한 중견 기업에 합격했는데 신체검사에서 간 수치가 높아 최종 불합격하고 말았어요. 그럼에도 여전히 게임 습관이 바뀌지 않네요.

Ⓐ 성인 자녀는 마음대로 훈육할 수 없어요

성인 자녀와 함께 살면서 어린 시절 잘못된 훈육의 결과로 찾아오는 부모들이 참 많아요. 성인 자녀를 마음대로 훈육할 수 없기 때문이지요. 세 가지 실천 가능한 처방을 드릴게요.

1. 당연한 것도 칭찬해주세요

많은 부모가 자녀에게 칭찬할 거리가 전혀 없다고 합니다. 그러나 찾아보면 반드시 있어요. 대학을 졸업한 것도 얼마나 칭찬받을 일인가요. 또 요즘처럼 취업이 어려울 때 중견 기업에 합격한 것도요.

어릴 적부터 야단을 자주 맞은 아이는 위축되고 자존감이 낮아집니다. '나는 부모 마음에 들지 않는 아이구나'라는 생각이 잠재의식 속에 자리 잡을 가능성이 크지요. 아이들은 자신이 부모에게 인정받지 못한다면 어딜 가도 인정받지 못한다고 생각하게 돼요. 그러니 아무리 잘한 일이 없고 칭찬할 게 없다고 생각되어도, 사소하고 당연한 일부터 칭찬하고 인정해주세요. 어려서 받지 못한 인정을 지금이라도 조금씩 채워주어야 합니다.

요즘 성인 자녀들은 굉장히 외로워요. 그들의 합법적인 외로움 해소법이 바로 음식, 게임, 스마트폰이에요. 술, 마약, 여자 등에 빠지지 않은 게 천만다행이지요. 이것도 칭찬할 거리가 됩니다. 또 아침에 일어나서 가족과 함께 밥을 먹으러 나왔다면 "네가 이렇게 같이 밥을 먹어서 참 좋구나"라고 말해주세요. 그것마저도 용기를 내서 나온 거니까요. 성인 자녀의 훈육은 가르침과 비난보다는 칭찬과 보상이라는 걸 기억해주세요.

2. 가족 간 규칙을 정하세요

부모의 역할은 하나님으로부터 받은 무조건적 사랑을 자녀에게 실천하는 거예요. 하지만 삶의 질서가 무너지고 있다면 한집에 살면서 지켜야 할 규칙을 정하는 게 좋습니다. 게임 하는 시간, 자고 일어나는 시간, 용돈 액수 등을 자녀와 충분히 논의하며 정해보세요. 그 밖에 욕실 청소, 설거지, 세탁, 방 정리 규칙을 만들다 보면 서로 언성 높이는 일을 줄일 수 있어요. 일주일에 한 번은 가족과 식사하는 '패밀리 데이'로 정해도 좋아요.

사실 이 규칙들은 이미 유치원에서 다 배운 내용일 거예요. 자녀가 이를 숙지하지 않고 실천하지 않는다는 건 부모의 책임도 있습니다. 유치원 시절부터 올바른 생활 습관을 형성할 만큼 훈육하지 못한 경우지요. 그게 아니라면 자녀의 타고난 기질적 성향이 '자유로운 영혼'인 거예요. 규칙을 잘 따르지 못하는 기질을 가진 사람은 예술가나 프리랜서로 진로를 정하는 게 유리합니다.

3. 공감대를 찾아보세요

아무리 답답해도 자녀의 컴퓨터 코드를 뽑아버리는 등 극단적으로 막으면 큰일 납니다. 밥 먹으러 안 나왔다고 컴퓨터 코드를 뽑아버린 엄마에게 모멸감을 느꼈다는 성인 자녀가 있었어요.

"그럼 종일 게임만 하는데 그냥 둬요?"라고 답답해하는 부모에게는 자녀가 하는 게임에 관심을 가져보라고 권합니다. "요즘 어떤 게임을 하니? 그 게임은 뭐가 재미있어? 게임 속에서 친구들을 만났구나"라고 관심을 보이면서 자녀와 함께 게임을 해보는 거예요. 그러다 보면 공감대가 생기고 친밀감이 쌓입니다.

부모 세대가 어릴 땐 놀이터나 분식집에서 친구들을 만났다면 요즘 아이들은 온라인 게임이나 SNS에서 친구를 만납니다. 온라인 세상이 놀이터인 셈이지요. 게임은 아이의 친구들도 다 하고, 친구들 사이에서 대화의 주제가 됩니다. 아이에게 온라인 게임의 의미가 무엇인지 안다면 게임이 무조건 나쁘다는 생각을 버릴 수 있을 거예요.

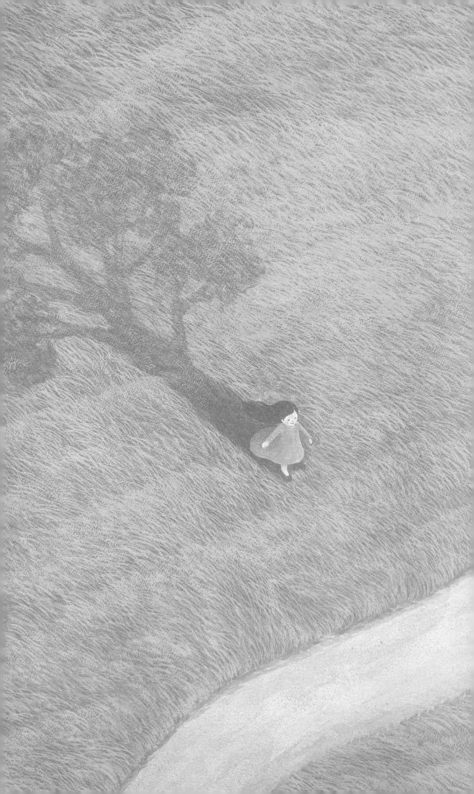

당신의
마음을
,
쉽게
해주세요

1
chapter

크리스천이 정신과 약을
안 먹으려는 이유

약에 대한
선입견

　　다수의 크리스천에게 약물에 대한 염려가
있다. 이들은 교회나 주변에서 "믿음으로 극복해야지, 왜 정신과
약까지 먹느냐" 등의 말을 듣고 고민한다. 마치 하나님이 치료해
주실 걸 온전히 믿지 못하고 약에 의존하는 것처럼 보일까 봐 거
부감을 갖는다.

　그런데 스트레스가 누적되어 뇌가 소위 '탈진' 상태가 되면 집
중력, 기억력 등 인지기능에도 영향을 미친다. 이 정도의 우울과
불안은 저절로 회복되기 쉽지 않다. 시간이 오래 걸리고 일상생활
에 지장을 준다. 교회에 가도 말씀이 안 들리고 영적으로도 힘들
어진다.

　또 약의 중독성과 부작용을 걱정하는 이들도 많다. 그러나 정

신과 약이라고 해서 모두 의존성과 금단 증상이 나타나는 향정신성 약물이 아니다. 오히려 복용했을 때 얻는 이득이 훨씬 크다. 대표적으로 자해나 자살 등 부정적인 생각이 줄고, 가족이나 주변 사람과 대화도 편해지며, 짜증과 화가 덜 난다.

혈압이나 당뇨 약은 의사 처방에 따라 평생 복용하면서 정신과 약에는 선입견부터 갖는 게 문제다. 뇌의 신경전달물질이 균형을 되찾고 증상이 눈에 띄게 나아지며 대인 관계와 일상생활이 편해지는 약을 거부할 이유가 무엇인가.

약물과 의학의 발전도 하나님의 계획하에 있음을 신뢰하자. 암환자가 항암치료를 거부하고 기도만 하는 게 옳지 않듯이 우울이나 불안도 신앙에만 의존하기보다 의학적 도움도 병행하는 게 바람직하다. 처음에는 약 복용을 거부하다가 복용 이후 변화를 경험한 한 크리스천 환자가 고백했다.

"기도하는 중에 하나님이 약에 대한 제 불신과 고집을 지적해주셨어요. 만성 통증으로 늘 몸이 아파 이런저런 약만 먹고 정신과 약은 끝까지 거부했는데, 정신과 약을 먹고 치료받으며 놀랍게 회복되었어요. 완전히 나은 건 아니지만 극단적인 생각을 버릴 수 있어서 가장 감사해요. 지금까지는 신앙으로만 버텼는데 약물 치료를 병행하니 오히려 신앙이 더 좋아지고 교회 활동과 가족 관계도 나아졌어요. 남편의 불신도 해소되어 교회에 같이 다니게 되었고요."

이렇게 약물 복용 후 효과를 경험한 환자도 약을 언제 끊을 수 있을지 고민한다. 뇌의 신경전달물질과 자율신경계 안정을 위해 적어도 3-6개월, 유지치료를 위해서는 1-2년까지 복용을 권하기도 한다.

크리스천 정신건강의 적신호

1970-1980년대만 해도 먹고사는 문제가 가장 큰 이슈였다. 그런데 지금은 건강이 큰 관심사로 대두되고 있다. 과도한 스트레스로 공황장애를 호소하는 사람이 많아지면서 육체적 건강 못지않게 정신건강을 관리하려는 흐름도 보인다.

크리스천도 예외는 아니다. 크리스천의 이혼율과 자살률, 우울증도 매년 늘고 있다. 이 땅에 '샬롬'(Shalom), 평강을 주시기 위해 예수님이 오셨는데, 왜 크리스천의 정신건강에 적신호가 켜진 것일까?

4년 전 CGNTV 첫 출연 이후 전국에서 전화가 빗발쳤다. 여의사가 진료하는 동네 의원 대기실이 사람들로 발 디딜 틈이 없었다. 진료 시간, 체력, 인력이 턱없이 부족했고 내원한 이들의 목마름과 병증을 치료하는 게 너무나 벅찼다. 그래서 주님께 더욱 기도하며 내담자를 돕기 위해 애썼다.

어떤 이는 몇 번의 진료와 상담만으로도 꽃망울이 활짝 피어나듯 생기를 회복했다. 그는 이미 하나님 안에서 치유가 시작되어 최종적으로 내 확인만 필요한 상태였다. 반면 마음이 딱딱하게 굳어 어떤 말씀과 조언도 받아들이지 못하는 사람이 있었다.

'그럴 줄 알았어. 그 정도 영성으로 무슨 치료를 한다고!'

그의 돌아가는 뒷모습에서 이런 마음이 느껴졌다. 그럴 때면 모든 사람을 만족시킬 수 없다는 걸 잘 알면서도 낙심이 되었다. 바닥난 체력으로 집에 돌아와 쓰러져 울면서 기도했다.

'하나님, 이들의 무거운 짐이, 해결해야 할 죄가 제게는 너무 버겁습니다.'

그때 주님이 이런 마음을 주셨다.

'그냥 그 자리에서 내가 보내는 사람들을 만나거라.'

'그렇지만… 지금 제 삶도 엉망인데 어떻게 다른 사람을 변화시킬 수 있을까요?'

만나는 사람들의 이야기가 다 내 이야기 같아 더 힘들었다. 실상 우리 모두의 이야기였다. 나는 예수님이 이 땅에 계시는 동안에 연약하고 믿음이 부족한 제자들, 세리, 창녀와 함께하셨고 병자와 죄인을 위해 오셨다는 말씀을 붙들었다.

예수께서 들으시고 이르시되
건강한 자에게는 의사가 쓸데없고
병든 자에게라야 쓸데 있느니라
너희는 가서 내가 긍휼을 원하고

제사를 원하지 아니하노라

하신 뜻이 무엇인지 배우라

나는 의인을 부르러 온 것이 아니요

죄인을 부르러 왔노라 하시니라 마 9:12,13

진료실을 찾은 크리스천의 공통 질문이 있었다. 그중 가장 많은 건 "내가 무엇을 잘못했기에 하나님이 이런 벌을 내리실까요" 였다. 여기에는 자기가 무언가를 잘하면 사랑받고, 못하면 벌을 받는다는 인과 관계가 깔려있다.

하지만 성경은 그렇게 말씀하지 않는다. 특히 욥기를 보면 욥과 세 친구가 '욥이 왜 저주를 받았는지'를 놓고 끊임없이 논쟁하지만 결국 하나님이 등장하심으로써 모든 대화가 종결된다. 이를 통해 하나님의 사랑은 무조건적임을 알 수 있다. 부모에게 받은 사랑을 비롯해 소위 인간이 '사랑'이라 부르는 것과는 차원이 다른 사랑을 발견한다.

인간의 사랑은 갈망에서 출발해 결핍을 채우려 들지만 끝내 채우지 못한다. 반면에 하나님의 사랑은 차고 넘친다. 사랑하기에 아프고, 희생이 따르는 십자가 사랑이다. 이 고차원적인 사랑을 경험하고 깨달으면 자신에게 닥친 고난을 새롭게 바라보는 눈이 열린다.

두 번째로 많은 질문은 "내가 이렇게 힘든데 하나님은 왜 가만히 계시나요"였다. 이것은 옳고 그름의 기준이 자신에게 있는 경우다. 자기 생각에는 이렇게 해주셔야 맞는데 하나님이 응답하시지 않아 답답한 것이다. 하나님을 바로 알지 못하고 올바른 관계를 맺지 않을 때의 반응이다. 이 질문에 나는 이렇게 답했다.

"하나님은 항상 그곳에 계세요. 분리불안을 겪는 우리가 그분이 어디 계시냐고 할 뿐입니다."

의외로 많은 크리스천이 하나님을 오해하고, 삶에 닥쳐오는 고난에 성경적으로 대처하지 못함으로 정신건강에 큰 위협을 받는다. 미성숙한 신앙이 나와 세상을 향한 부정적인 생각을 키우고 마음의 상처가 신앙의 성숙을 방해하기도 한다.

그래서 이번 장에서는 기독교 신앙의 발달 단계와 크리스천 환자가 주로 호소하는 질문을 자세히 살펴보려고 한다.

신앙 발달의
여섯 단계

신앙의 발달 단계에 관한 연구는 1970년대 후반에서 1980년대 초에 등장했다. 미국 종교심리학 분야의 석학인 제임스 파울러는 "신앙은 인생의 전 과정을 통해 이루어지는 순례의 길"이라고 말했다. 그는 4세부터 88세까지 400여 명과 8년에 걸쳐 면담하며 '신앙의 발달 단계 이론'을 정립했다. 이 이론에 의하면 신앙은 여섯 단계로 성장한다.

○ **1단계 : 직관적-투사적 신앙**(Intuitive-Projective faith)

2-7세 시기로, 경험과 이야기를 통해 하나님에 대한 이미지와 상징을 형성하는 초보적 신앙을 받아들이는 시기이다(물론 나이는 어른이지만 신앙은 초보 단계인 사람도 많다). 아직 체계적인 사고를 할 수 없기에 자신과 관계 맺고 있는 부모 또는 양육자를 모방하며 신앙을 배운다.

이때는 하나님을 상 주시거나 벌주시는 분, 따뜻하고 좋으신 분 혹은 혼내시는 무서운 분으로 이분법적으로 이해한다. 그래서 '공의'와 '사랑'이라는 하나님에 대한 통합적인 이미지를 갖지 못한다. 자기를 의식하는 시기이기에 다른 사람의 관점에서는 이기적으로 보인다. 아직은 남의 입장을 이해할 능력이 개발되지 못했다는 뜻이다.

○ **2단계 : 신화적-문자적 신앙**(Mythic-Literal faith)

7-12세 시기로, 문자를 통해 신앙을 이해하고 책을 읽으며 신앙이 발달한다. 하지만 아직 추상적 사고나 자기 성찰 능력이 없어서 문자 그대로 율법을 받아들이고 규칙에 집착한다. 그래서 다른 사람들, 특히 부모가 규칙을 지키는지 안 지키는지에 관심이 많다. '엄마, 교회에 다니면서 그러면 안 되는 거 아니야?' 등의 말을 많이 한다.

성인이 이 단계에 머물러있을 경우 성경 구절 하나하나에 강박적으로 집착하기도 한다. 예를 들면 "성경에서 아내는 남편에게 순종하라고 했는데 네 태도가 그게 뭐냐?", "십계명에 부모를 공경하라고 써있는데 너 지금 뭐 하는 거니?"라고 하면서 말씀을 정죄와 비난의 도구로 삼기도 한다.

○ 3단계 : 종합적-전통적 신앙(Synthetic-Conventional faith)

12세 이후 청소년기부터 나타나는 단계로, 자신을 인격적으로 알아주고 받아주고 인정해주는 하나님을 찾는다. 이때부터는 부모보다 또래 그룹이나 속한 집단(교회나 부서)의 영향을 더 많이 받는다. 이전까지 부모의 신앙을 보고 자랐다면, 이제는 자신이 속한 교회나 공동체가 믿는 하나님을 믿게 된다.

또 '우리 교회'에 대한 애착이 커서 교회가 비난받는 걸 참지 못한다. 집단에 주로 의존하므로 아직 자기의 신앙을 객관적이고 반성적 관점에서 바라보지는 못한다.

엄밀히 말하면 자신의 신앙이라기보다는 또래 그룹이나 자신이 속한 기관에 의존하는 신앙이라고 할 수 있다. 즉 부모, 주변 사람, 교회의 신앙이다.

○ 4단계 : 개인적-성찰적 신앙(Individuative-Reflective faith)

청년기에 나타나는 단계로 하나님을 인격적으로 만난다. 부모의 신앙, 교회의 신앙이 아닌 '나의 하나님'을 진정으로 찾는다. 지금껏 배우고 경험한 신앙을 성찰하며 은사나 방언을 받는 등 새로운 차원의 신앙으로 나아간다.

그러다 보니 독자적이고 독선적으로 변하기도 한다. '내 은사가 더 우월해', '네 신앙은 구식이야!' 등 신앙에 대해 여러 가지 판단을 하는 시기다.

그런데 3단계에서 4단계로 넘어오지 못하는 사람이 많다. 왜냐면 많은 교회가 성도의 신앙적 고민이나 갈등 또는 회의를 신앙의 성숙을 위한 몸부림이 아닌 신앙의 성숙을 저해하는 부정적 요소로 받아들이기 때문이다. 그러나 이는 살아있는 신앙의 특징이자 성장하려고 애쓴다는 증거다. 이 과정을 넘기지 못하면 교회를 떠나기도 하는데, 신앙이 자신에게 더 이상 의미를 주지 못하기 때문이다.

혹은 반대로 신앙의 경직화 현상이 나타나서 자기 신앙을 갖는 노력을 포기하고 공동체에 맹목적으로 집착하기도 한다. 후자의 경우는 시간이 지날수록 독단적이고 배타적인 신앙이 되어 교회에서 문제를 일으킬 수도 있다.

○ **5단계 : 통합적 신앙**(Conjunctive faith)

중·장년기에 걸쳐 나타나며 영적 성숙에 이르는 통합적인 신앙 단계다. 1-4단계는 이분법적인 신앙으로 자신(혹은 내가 속한 집단)이 생각하는 진리가 옳고 나머지는 틀렸다고 생각한다. 하지만 5단계에서는 자신의 분명한 신앙적 입장을 가지면서도 다양한 생각과 관점을 포용하며, 좀 더 하나님의 시점에서 바라볼 줄 알게 된다.

인간을 이해하는 마음과 사랑할 수 있는 품이 넓어지고 자신과 생각이 다른 사람을 거부하고 비판하기보다 수용하고 대화하려고 한다. 자칫 이를 '타협'으로 볼 수 있으나 '인정'과 '포용'으로 보는 게 적절하다. 특히 성경적 공동체 형성에 책임이 있는 지도자들이 이런 모습을 가져야 한다(그러나 현실에서는 이들이 갖는 개방성이나 포용성이 교회의 전통을 거부하는 것처럼 비춰져 교회로부터 소외당하기도 한다).

또한 이 시기에는 진리가 특정 이념이나 신학, 체계, 배경에 갇혀 있을 수 없음을 깨닫는다. 교리, 교단, 논리, 이념, 조직을 초월하여 추상적인 신앙이 아닌 매일의 삶에서 구체적인 하나님의 사랑을 발견하고 신뢰하게 된다. 보이지 않고 느껴지지 않아도 그분을 온전히 신뢰한다. 감정이 뜨겁지 않거나 기도할 때 눈물이 나지 않거나 방언이 터지지 않거나 하나님 음성이 들리지 않는 등 감각으로 느껴지지 않으면 하나님이 안 계신 것 같았던 어린아이의 신앙(분리불안)에서 벗어난다.

○ **6단계** : **보편적 신앙**(Universializing faith)

노년기에 하나님의 사랑을 실천으로 옮기는 온전한 신앙의 단계로 본 회퍼, 마틴 루터 킹 등 몇몇 영적 리더들이 도달한 신앙 여정의 종착지이다. 순교의 사명과 자기희생, 하나님나라의 확장을 향한 열정으로 가득 차며 모든 걸 사랑으로 끌어안고 세상 상식을 뛰어넘는 일을 하기도 한다.

이 단계에서는 인간적인 조건이나 종교적 차이가 중요하지 않다. 대신 모든 사람이 공통적으로 믿는 절대적인 선 또는 진리에 따라 살아간다.

누구에게도 말하지 못했던 질문들

다음은 크리스천을 상담할 때 주로 듣는 질문들이다.

"크리스천인데 왜 우울증에 걸리나요?"

나는 크리스천이기에 때로는 우울증에 더 걸리기 쉽다고 생각한다. 크리스천은 삶의 기준이 높기에 잘못을 했을 때 그만큼 자책감도 크다. 실제로 진료실에서 만난 크리스천 우울증 환자 대부분이 스스로 한심하다고 자책했다. 또 사람들이 많이 가지 않는 좁은 길을 택하기에 여러 어려움과 시험 앞에 무너지기도 한다.

하지만 우울증의 원인이 영적인 것뿐 아니라 육체의 연약함에도 있다는 사실을 무시하지 않길 바란다. 우울증은 신체 질환, 만성 통증, 호르몬의 결핍, 신경전달물질의 불균형 등에 기인하기 때문이다. 그런데도 마치 크리스천이 우울증에 걸렸다고 하면 죄의 결과이거나 믿음이 약해서거나 하나님의 사랑을 받지 못해서라고 치부하는 게 안타깝다.

교회에 우울해하는 지체들이 있는가? 섣불리 조언하거나 위로하지 말고 묵묵히 이야기를 들어주고 함께 시간을 보내주길 바란다. 어설픈 위로보다 침묵이 나을 때가 있다.

"나는 이렇게 고통스러운데 하나님은 왜 가만히 계시나요?"

하나님이 살아계신다면 내가 왜 이렇게 고통스럽냐며 하나님의 존재 자체를 부정하는 이들도 있다. 그러나 고통 없는 세상이 과연 있을까? 또 크리스천에게는 고통이 있으면 왜 안 되는가?

전쟁터에서 크리스천이라고 총알이 피해 가지 않는다. 똑같이 죽는다. 크리스천이라고 복을 더 받고 고통받지 않아야 한다는 생각은 하나님의 사랑을 조건적이며 편협한 사랑으로 여기는 데서 오는 착각이다. 자기 생각과 원함을 들어주시지 않는다고 실망하거나 문제가 빨리 해결되지 않는다고 조급해하며 하나님 탓을 해서는 안 된다.

임신과 출산의 수고 없이 아이를 품에 안을 수 없듯이 고통 없이 행복도 없다. SNS의 '좋아요'만 잔뜩 눌린 삶을 기대하지 말자. 그건 실재가 아니다. '좋아요'의 순간은 찰나다. 나머지는 대부분 끈기를 요하는 일상이고 시간을 투자해야 하는 지루함의 연속이다.

지금 당신의 기도를 돌아보라. 혹 고통을 없애 달라고만 기도하진 않는가? '하나님, 나 여기 아파요. 이게 힘들어요. 이 짐 좀 내려주세요. 저 좀 신경 써주세요'와 같은 어린아이의 기도에 머물러있다면 이제는 성숙한 신앙, 성인의 기도로 옮겨가자.

'주님, 제게 주님의 사랑을 부어주세요. 이 멍에를 잘 감당할 수 있도록 힘을 주세요. 누구를 탓하거나 원망하지 않고 품고 기도하게 해주세요. 온 세상이 제가 하나님의 자녀인 줄 알게 해주세요.'

하나님은 절대 침묵하시는 분이 아니다. 항상 우리 곁에 계시며 작은 신음에도 응답하신다. 단지 내 마음대로 생각하고 느낄 뿐이다. '하나님이 정말 계실까'라는 의문이 들 때마다 성경 전체에 쓰여 있는 그분의 성품을 떠올리길 바란다. 태초부터 지금까지 하나님의 사랑과 임재는 온 땅에 가득하다.

"하나님은 왜 단번에 고쳐주시지 않나요?"

우리의 최대 관심사는 이 고통이 '언제까지 지속되느냐'이다. 그러나 하나님의 관심은 우리의 자기중심적 사고가 깨지고 인격이 성숙해지는 데 있다. 그래서 필요한 고난과 환난을 허락하시어 우리를 다듬어가신다. 단, 강압적으로 치유하지 않으시고 인격적으로 기다려주신다.

앞서 말했듯이 아담과 하와가 선악과를 따 먹을 때 하나님은 말리지 않으셨다. 이는 방치가 아니라 피조물인 우리를 자유의지를 가진 당신의 자녀로 바라보시는 인격적인 사랑이었다. 그 사랑을 깨닫고는 진료실에서 인간의 죄성과 악함, 도덕적 결함에 대해 들을 때 좀 더 너그러운 마음을 갖게 되었다. 이는 죄성과 타협한다는 게 아니라 하나님의 관점으로 바라보려고 노력한다는 뜻이다.

각 사람을 똑같은 속도로 치유하거나 변화시키지 않으시고 개별적으로 만나주시는 이유도 마찬가지다. 사실 단번에 치유하신다면 하나님이 제일 편하실 것이다. 하지만 앞서 살펴본 신앙의 발달 단계처럼 한 단계씩 세심히 배려하고 인내하시며 우리 신앙의 성숙을 이뤄가신다. 겉으로 보이는 증상뿐 아니라 근본적인 죄성과 상한 마음까지 평생에 걸쳐 회복시키신다.

"하나님이 내게만 소홀하신 것 같아요."

하나님이 내 고통을 외면하시는 걸까? 아니다. 함께 아파하고 계신다. 죄가 넘치는 이 세상을 사랑하시는 것 자체가 하나님께는 고통이고 아픔이다. 그분은 우리를 사랑하기에 아프시다.

강박적인 성향의 크리스천은 감각에 의존해 하나님을 느끼려고 한다. 기도할 때 눈물이 나야 하고, 말씀을 읽을 때 특정 단어가 눈에 쏙 들어와야 하고, 찬양할 때 가슴이 뜨거워야 한다는 강박에 매달린다. 이런 감각적 경험이 없으면 '은혜를 못 받았다', '하나님은 왜 침묵하실까'라며 서운해한다. 하나님은 늘 그 자리에 변함없이 계시는데 말이다.

하나님이 나를 사랑하신다는 사실을 어떻게 알 수 있을까? 보통 아이는 자신이 유치원에 있는 동안 엄마가 집에 있을 거라는 믿음이 있다. 눈에 보이지 않아도 엄마의 사랑을 느낀다. 그런데 분리불안이 있는 아이는 엄마가 보이지 않으면 불안해서 엄마를 눈앞에 데려오라고 울고불고한다. 내 신앙의 모습이 이렇지 않은지 돌아보자.

스위스 신학자 칼 바르트는 "십자가 부활이 제3의 시간에 속한다"라고 말했다. 역사를 초월하시는 예수님의 십자가 사건으로 우리는 시간의 제약을 받지 않고 하나님과 연합할 수 있게 되었다. 언제든 'here and now'(지금 바로 여기) 그분의 임재를 경험할 수 있다. 오늘 지은 죄를 2천 년 전 십자가 사건으로 용서받는 게 아니라 오늘 다시 예수님을 십자가에 못 박음으로써 죄 사함을 받는 것이다.

하나님이 나를 사랑하신다는 확신은 두려움을 쫓아낸다. 과거의 상처, 현재의 암담한 상황, 보이지 않는 미래의 두려움이 설 자리는 없다. 신실하게 내주시는 그분의 사랑이 지금 이 순간도 우리를 지키고 계신다.

"제가 하나님을 제대로 믿고 있는 걸까요?"

진료실에서 이런 질문을 받았다.

"성령의 은사를 구했는데 나만 못 받았어요. 남들은 다 방언하고 성령 체험을 하는데 말이에요. 성경 통독도 하고 말씀 암송도 하고 찬양도 늘 듣는데, 왜 나는 성령의 은사가 없지요? 왜 간절히 구해도 안 주실까요?"

나는 단호하게 말해주었다.

"사랑의 은사를 구하세요. 그리스도인이 받은 최고의 은사는 사랑입니다. 모든 은사 중에 사랑보다 더 귀한 건 없어요."

물론 교회에 성실히 출석하는지, 봉사를 열심히 하는지, 성경

통독을 얼마나 했는지, 기도 생활을 하는지 등도 중요한 척도다. 그러나 신앙의 가장 확실한 척도는 '사랑을 베풀 수 있는 능력'에 있다고 생각한다.

하나님을 제대로 믿고 있는지 스스로 의문이 든다면 신약에 그려진 예수님의 행적을 떠올려 보자. 나도 매 순간 내가 진정한 크리스천 상담가인지 질문한다. 그때마다 예수님이 강조하셨던 두 가지 사역, 말씀 전파와 치유 사역을 떠올린다. 진리를 가르쳐 왜곡된 생각을 바꾸시고 편견 없이 죄인들과 함께하시며 사랑으로 질병과 아픔을 치유하셨던 예수님. 그분은 본받아야 할 훌륭한 상담가셨다.

예언이나 방언과 같은 성령의 은사를 구하고 있는가? 은사는 사람을 감동하게 하지만 사랑만이 사람을 변화시킨다. 울리는 꽹과리가 되기보다는 모든 것 위에 뛰어난 사랑의 은사를 구하라.

내가 사람의 방언과 천사의 말을 할지라도
사랑이 없으면 소리 나는 구리와 울리는 꽹과리가 되고 고전 13:1

"교회에 미운 사람이 있어서 가기 싫어요."

도리어 묻고 싶다. 당신은 교회에 왜 다니는가? 어떤 사람은 천국에 가려고 보험 드는 거라고 답한다. 물론 그것도 맞다. 하지만 가장 큰 이유는 하나님을 사랑하기 때문 아닌가. 그분께 예배드리고 싶고, 그분으로부터 공급받은 사랑을 공동체에 나누고 싶어서 가는 곳이 교회다. 한마디로 교회는 하나님을 사랑하고 이웃을 사랑하러 가는 곳이다.

물론 어느 공동체든 왠지 모르게 끌리는 사람이 있는가 하면 나와 코드가 영 안 맞는 사람이 꼭 있다. 마치 날 괴롭히던 상사를 피해 이직을 해도 또 똑같은 사람을 만나듯이 말이다. 많은 경우이 신기한 현상의 원인은 '피해 의식'이다.

정신분석학에 '전이'(displacement)라는 개념이 있다. 과거에 어떤 대상에게 향했던 감정이 다른 대상으로 옮아가는 기전으로, 예를 들어 자신이 누군가를 미워했던 감정을 새로운 대상에 투영하는 것이다.

만일 뜨거운 컵에 손을 데면 쉽사리 그 컵을 다시 만질 수 있을까? 겁나서 못 만진다. 심지어 뜨겁지 않아도 지레 겁을 먹는다. 이는 '인지 오류'(cognitive error)가 나타난 것으로 반복적인 상처나 트라우마로 인해 생긴 '생각의 오류'다.

과거에 상처받았던 경험과 비슷할 때 쉽게 상처를 받거나 사람을 대할 때 상대방의 단면을 확대 해석하여 '그도 그럴 것이다'라고 지레짐작하고 미워하는 게 대표적인 인지 오류의 예다. 신앙에서도 '하나님은 나만 미워하신다', '하나님은 나를 버리셨다', '하나님은 안 계신다' 등의 잘못된 생각이 대표적이다.

유독 교회에서 마주치기 싫은 사람, 미워하는 사람에게 내가 인지 오류를 범하고 있는 건 아닌지 돌아보자. 그가 실제로 내게 큰 잘못을 저질러서 미운 거라면 '하나님께서 내게 사랑을 가르치시려는 거구나' 하고 생각하자. 상처를 곱씹으면서 피해 의식에 빠지지 말고 그를 위해 기도하자.

20여 명의 직원들과 함께 일하다 보니 나 역시 상처받거나 섭섭할 때가 있다. 그때마다 아무 생각하지 않고 그를 위해 기도한다. 그러면 나도 모르게 그를 향한 미움이 조금씩 사그라드는 걸 경험한다.

"크리스천이라고 왜 용서해야 하나요?"

'그를 도저히 용서 못 하겠어요. 제가 왜 용서해야 하나요?'라는 울부짖음을 진료실에서 늘 듣는다. 그런데 난 용서하라고 말하지 않는다(섣불리 말했다간 더 큰 상처를 줄 수 있기 때문이다). 대신 왜 용서해야 하는지를 말한다. 내게 상처를 준 사람을 용서하는 건 그를 위해서가 아니라 내 마음을 위해 필요하다. 용서란 내게 상처를 남긴 그 일을 없던 걸로 하라는 게 아니다. 그 일이 내게 영향을 주지 않도록 거리두기를 하라는 뜻이다.

예수님도 용서에 관해 말씀하셨다. 먼저 베드로가 여쭈었다.

"예수님, 누군가가 제게 잘못을 했을 때 몇 번이나 용서해주어야 합니까? 일곱 번 정도면 되겠습니까?"

당시 유대 사회에서는 잘못한 사람에게 세 번의 용서를 베풀라고 가르치는 게 관례였다. 그래서 베드로는 세 번을 훌쩍 넘는 일곱 번이면 충분하냐고 여쭌 것이다. 그러나 예수님은 "일곱 번뿐 아니라 일곱 번을 일흔 번까지라도 할지니라"(마 18:22)라고 대답하셨다.

산술적으로 계산해도 사백구십 번이니 셀 수 없이 용서하라는 뜻이다. 크리스천 정신과 의사로서 나는 이렇게 받아들였다.

'용서는 단번에 되는 게 아니라 평생 해야 하는 과정이란다. 셀수 없이 해도 안 될 수 있다. 아니, 안될 때가 더 많을 거야. 안 되니까 셀 수 없이 하라고 한 거야. 그러니 용서 못 한다고 자책할 필요도 없단다. 다만 네가 고통스럽지 않으려면 용서하렴. 상대의 잘못을 없던 일로 하거나 잘못이 아니라고 인정하는 게 아니야. 네가 더 이상 고통받기를 원치 않기에 용서하라는 것이다.'

용서는 일회성 이벤트가 아니라 평생의 과정이다. 죽을 때까지 끝나지 않을 수도 있다. 사실 "용서가 안 된다"라는 말이 정답이다. 용서가 안 되지만 용서하기로 결단하고 내 감정의 끈을 끊겠다는 의지를 보일 때, 조금씩 결박이 풀리고 자유가 임한다.

용서에 대한 가르침은 성경에서 큰 비중을 차지한다. 주님은 우리가 진심으로 형제의 허물을 용서해야만 주께서도 우리의 허물을 사하신다고 가르치신다(마 6:14,15). 이기적이고 자기중심적인 인간의 성향을 바꾸라는 명령이다.

사람은 기본적으로 받는 걸 좋아한다. 그러나 예수님의 제자는 주기를 좋아하는 이타적 삶의 자세를 갖춰야 한다. 용서는 'For Give', 용서해 '주는' 것이다. '주다'(give)라는 뜻의 헬라어 '디도미'(δίδωμι)는 '보내다, 넘겨주다, 값을 지불하다, 빚을 갚다, 희생하다'라는 뜻을 지닌다. 주는 건 희생과 포기, 아픔이 따른다는 걸 말해준다.

크리스천에게 '주는 것'은 좀 더 고차원적 의미다. 아무 대가를 바라지 않기에 베풀고 나면 잊어야 한다. 기대했던 반응이 돌아오지 않더라도 상처받지 않아야 한다. 혹 상처를 받더라도 희생과 포기를 감내하면서 끝까지 사랑하는 게 크리스천의 삶이다. 사랑을 주려면 고통을 거쳐야 하듯이 용서도 힘겨운 고통의 과정을 지난다. 십자가 고통은 사랑의 절정이다. 하나님은 아들을 희생하시며 상상할 수 없는 고통의 무게를 감당하셨다. 그렇게 우리를 사랑하셨고 끝내 용서해주셨다.

하나님이 주신 사랑의 능력이 바로 용서다. 그러므로 내 안에는 그런 사랑이 없지만 하나님께로부터 사랑을 공급받으면 용서할 수 있다. 예수님이 나를 위해 낮아지시고 희생당하신 것을 믿는다면, 나는 어떤 태도로 살아야 할까?

"삶의 의미를 모르겠어요."

한 크리스천이 이렇게 말했다.

"왜 사는지 모르겠어요. 너무 허무해요. 지옥에만 안 갈 수 있다면 당장 오늘이라도 죽고 싶어요."

이 말은 정말 죽겠다는 게 아니라 삶의 의미를 몰라서 도망가고 싶다는 뜻이다. 하지만 크리스천의 삶의 의미는 간단하다. 하루하루 하나님을 알아가고 사랑이신 그분을 더 닮아가는 것, 죄 된 우리 본성이 사랑의 속성에 가까워지는 것이다. 하나님은 우리에게 생명을 주셨고 아들을 주셨다. 그분의 무한한 사랑을 묵상할 때 사랑할 능력이 키워진다.

균형,
신앙 성숙의 척도

건강한 신앙의 척도는 바로 '균형'이다. 신앙과 삶, 지성과 감성, 물질과 비물질, 영혼과 육체, 개인과 공동체, 교회와 세상, 이론과 실제 사이에 균형을 잃어버린 영역은 없는지 점검해보자.

○ 성경적 vs 세상적

소위 '성경적인 것'과 '세상적인 것'을 이분법적으로 생각하는 사람이 있다. 이들은 "세상적인 이야기는 그만해. 그건 성경적이지 않아"라는 편견 어린 충고를 한다. 그런데 과연 어떤 게 성경적이고 세상적인 걸까.

예수님은 연약한 인간의 몸으로 이 땅에 오셔서 세상의 모든 희로애락을 충분히 경험하셨다는 사실을 기억하자. 성경적인 것과 세상적인 것을 이분법적으로 가르기보다 성경의 진리에 바탕을 둔 신앙을 기본으로 삶을 누리는 것 또한 필요하다고 생각한다.

○ 인지적 vs 감정적

성경을 지식적으로 접근해서 토론하려 하거나 감각적 경험(환청, 환상, 성령 체험 등)에 지나치게 의존하고 감정적으로 휩싸이지는 않는지 돌아보자. 기도할 때 예전처럼 눈물이 나지 않는다고 실망하지 말자. 신앙은 감정이 전부가 아니다.

반면, 인지적 신앙이 발달된 사람은 성경을 글자 그대로 해석하거나 자신의 논리에 맞지 않는 성경의 사건들을 그냥 지나치지 못한다. 또 강박적으로 '구원', '영원' 등 단어 하나에 꽂히거나 어떤 주제에 깊이 파고들지만 해답을 찾지 못한다. 이런 사람은 신앙을 인지적으로 이해하려 하고 자신의 논리로 설명되지 않으면 좌절하여 좀 더 포괄적인 신앙의 성숙에 이르지 못한다.

○ 눈에 보이는 것 vs 보이지 않는 것

육체와 영혼의 균형이 중요하다. 이 땅에서 우리 영혼은 육체에 거하므로 둘은 떼려야 뗄 수 없는 관계다. 그래서 둘 중 어느 것이 더 중요하고 덜 중요하냐는 접근은 옳지 않다. 평소 "영혼이 육체보다 우월하다"라는 영지주의적 생각은 없는지, 눈에 보이는 것(종교적 의식, 직책, 프로그램, 봉사, 십일조 등)에만 치중하지는 않았는지 돌아보라. 어떤 크리스천은 영혼보다 몸을 소홀히 여기는데 육체는 하나님의 영이 거하시는 성전이다. 우리에게 이 성전을 잘 가꾸는 청지기 사명이 있음을 잊지 말자. 번아웃을 호소하는 사역자나 선교사들에게 늘 하는 이야기가 있다.

"건강한 육체에 건강한 정신, 그리고 건강한 영혼이 깃듭니다."

○ 맹목적 순종 vs 무조건적 반항

이는 개인과 공동체의 균형으로 설명할 수 있다. 권위자나 공동체를 향한 맹목적 순종은 개인을 묵살하는 태도다. 반대로 공동체 안에서 개인의 의견만 주장하며 권위자에게 무조건 반항하는 태도도 옳지 않다. 이 둘 역시 균형이 필요하다.

평소 교회 리더의 말을 맹신하며 개인적으로 하나님께 여쭤보기도 전에 따르지는 않는지, 리더의 말은 귓등으로도 안 듣고 설교 말씀이나 예배의 작은 부분까지 꼬투리를 잡고 비판하지는 않는지, 주변 사람에게 영향을 주며 세력을 확장하거나 편가르기, 따돌림, 험담 등을 일삼지는 않는지 돌아보자.

◦ 계시 vs 종교적 망상

크리스천 정신과 의사다 보니 조현병이나 조울증에서 보이는 종교적 망상이나 환청을 하나님의 음성이라고 굳게 믿는 이들을 종종 만난다. 이를 분별할 기준은 명확하다. 종교적 망상으로 인한 환청은 나를 비난하고 비웃거나 로봇처럼 조종하려 든다. 혹은 과거의 안 좋은 일과 자꾸 연관 지어 생각하게 하며 주변인이 나를 조롱한다고 믿게 한다. 반면에 하나님의 계시는 늘 인격적이다. 우리를 절대로 조종하거나 비난하지 않는다. 하나님의 말씀은 우리를 평안하게 하며 생산적이고 긍정적인 희망을 안겨준다.

너희를 향한 나의 생각을 내가 아나니
평안이요 재앙이 아니니라
너희에게 미래와 희망을 주는 것이니라 렘 29:11

내 마음 ♥ 응급처치

─── ACTION PLAN ───

신앙의 성숙을 위해 스스로 질문해보자.

1. 지금 하나님께 꼭 묻고 싶은 세 가지 질문을 적어보자.

_____

_____

_____

2. 하나님이 곁에 계심을 느꼈을 때가 언제인가?

_____

3. 하나님이 내게 관심이 없으신 것 같다고 느꼈을 때가 언제인가?

_____

4. 나는 신앙의 발달 단계를 어떻게 거쳐왔는지 적어보자.

_____

_____

_____

5. 주변에 기도를 부탁할 수 있는 신앙의 친구들을 나열해보자.

_____

Q 극단적으로 변한 친구가 있어요

교회 대학부에서 함께 뜨겁게 신앙생활을 했던 친구가 있어요. 같이 해외 선교도 다녀오고 봉사도 열심히 했는데 친구는 힘겨운 대학 생활과 가정사로 좌절을 겪고 미국으로 갔어요. 한동안 연락이 끊겼다가 다시 만났는데, 그는 너무 부정적이고 비판적으로 변해있었습니다. 미국에서 많은 어려움을 겪고 교회에 안 간 지도 오래된 것 같더군요. 친구는 "하나님이 계신다면 내게 이럴 수 없다"라고 했어요. 하나님께 깊이 실망한 친구를 어떻게 도와줄 수 있을까요.

A 신앙의 성숙을 위한 과정에 있다고 생각하세요

우리 모두에게는 피할 수 없는 고난과 고통의 시간이 있어요. 특히 크리스천은 '하나님이 원하시는 이 정도의 모습으로 살아야 해'라는 기준이 높다 보니 자신을 더 힘들게 하는 경향이 있습니다. 말씀대로 살지 못했을 때 자책과 죄책감이 크지요.

친구는 고통 중에 하나님께 실망한 상태인 것 같아요. 그러나 고난은 신앙의 성장 단계에서 피할 수 없습니다. 그 가운데 하나님을 더 깊이 만날 수 있지요. 친구의 고민이나 갈등이 신앙 성숙을 저해하는 게 아니라 성숙을 향한 긍정적인 몸부림으로 보입니다. 하나님과의 실랑이를 통해 믿음이 더 단단해지고 견고한 사랑의 회로로 옮겨갈 수 있도록 믿음의 친구로서 격려하고 지켜봐 주세요.

또한 친구가 고통스럽고 재앙이라 여겨질 정도의 광야를 걷고 있을 때 주변 사람의 믿음과 소망과 기도는 정말 큰 힘이 됩니다. 하나님이 계속 친구를 떠올려주시는 건 그를 위해 든든한 중보자가 되어주라는 사인이 아닐지요.

❓ 한 공동체를 오래 섬기지 못해요

3, 4년 이상 한 공동체를 섬기지 못하고 떠나기를 반복하고 있습니다. 저는 아니라고 생각하는 건 확실히 말하는 편이라 종종 교회에서 문제아로 낙인이 찍힙니다. 또 이런 성격 때문에 교회에서 봉사하고 리더십을 맡을 때 관계가 틀어지는 일이 많았지요. 최근에도 크게 부딪히는 일이 생겨서 모든 걸 내려놓고 섬기던 공동체를 떠나게 되었어요. 처음에는 그들이 이해되지 않고 미웠는데 돌이켜 보면 한 공동체를 오래 섬기지 못하고 떠나는 제 잘못인가 싶기도 합니다.

🅰 나는 옳고 상대는 틀리다는 사고를 버리세요

사람이 모인 곳에 갈등이 있는 건 지극히 당연한 일이에요. 하나님은 공동체 안에 일어나는 크고 작은 갈등과 충돌까지도 선하게 사용하세요. 그렇지만 갈등의 패턴이 자꾸 반복된다면 '이건 맞고 저건 틀리다'라는 자기중심적 태도를 버리고 나와 상대를 이해하는 시간으로 삼으세요. 이를 위해 세 가지 처방을 드릴게요.

1. 먼저 내 마음의 상처를 살펴보세요

마음의 상처가 있는 사람은 말씀이 심겼을 때 꽃피우지 못하고 의심이나 오해로 번지기도 해요. 대인 관계에서도 마찬가지고요. 교회는 죄인이 모이는 곳이기에 사람들과 관계를 맺다 보면 종종 상처가 드러나고 갈등이 발생합니다.

한 공동체를 오래 섬기지 못한다면 자신의 마음 밭을 들여다보세요. 어떤 상처가 있는지, 무엇에 유독 민감하게 반응하는지, 말씀이 열매 맺지 못하도록 방해하는 가시나 돌부리가 무언지, 내 성격에서 어떤 부분이 사람들과 갈등을 유발하는지 살펴보세요.

2. 하나님과 독대하는 시간을 가지세요

분주한 마음을 내려놓고 홀로 하나님 앞에 나아가는 시간을 따로 가지세요. 특정 공동체나 집단의 하나님이 아니라 '나의 하나님'을 만나세요. 예수님도 굉장히 많은 유혹을 받으셨을 거예요. 그분의 말씀을 들으려고 모인 수많은 인파를 만족시키고 싶은 마음이 있으셨겠지요. 그러나 무리를 피해 홀연히 떠나 하나님과 독대하시며 새 힘을 얻고 다음 사역을 향해 나아가셨습니다. 하나님 안에서 위로와 힘을 얻고, 회개할 건 회개하고, 재정비하는 시간을 가지세요.

3. 상대방을 하나님의 사랑으로 안아주세요

교회 내 인간관계에서 상처를 더 잘 받는 이유는 기대 심리가 높기 때문이에요. 하지만 사람은 다 똑같아요. 상대가 내 생각과 같을 수 없음을 인정하고 수용하세요. 성숙한 신앙인은 이분법적 사고에서 벗어나 다양한 입장과 배경을 아우를 줄 압니다.

아니라고 생각하는 것을 확실하게 말하는 성향은 정의롭고 솔직한 성격 때문인 것 같아요. 그러나 한편으로 '이건 옳고 저건 틀리다'라는 자기중심적 판단과 정죄는 굉장히 유아적인 사고입니다. '원죄'도 인간이 옳고 그름을 판단하시는 하나님처럼 되고자 한 결과였지요. 그러나 그건 내 몫이 아니에요. 대신 하나님의 사랑으로 상대방을 있는 그대로 안아주세요. 소통하는 능력과 사랑의 리더십을 갖춘 신앙인으로 성장하길 바랍니다.

Q 교회에 불만과 불평이 가득해요

남편은 대학교수입니다. 그는 악기도 잘 다뤄서 교회 찬양 팀 리더로 오래 섬겼어요. 그런데 집에서는 다른 모습이에요. '모 집사님이 이런 얘기를 하는데 기분이 나빴다', '전도사님이 왜 그러는지 모르겠다' 등 항상 불만과 부정적인 이야기를 합니다. 처음에는 들어주고 마음도 풀어주고 같이 기도해주었어요. 하지만 10년째 계속 듣다 보니 저도 지칩니다. 힘들면 그만두라고 했더니 그건 또 싫다네요. 이 부분을 계속 기도했는데, 그는 왜 변하지 않을까요?

Ⓐ 마음으로 들어주세요

성경적으로 부부는 한 몸이지만, 서로 다른 개체이므로 다를 수밖에 없습니다. 나와 다름을 인정해주세요. 그러나 부정적인 이야기를 반복적으로 듣는 게 얼마나 힘든 일인지 잘 압니다. 네 가지 처방을 드릴게요.

1. 상대의 밑바닥까지 수용해주세요

결혼 생활은 상대에 대한 환상에서 시작합니다. 하지만 어느 순간 서로 밑바닥을 보면 환상이 깨지고 실망스럽지요. 그때 서로의 연약함을 인정하고 용납하고 대신 감당해주면 '환상 속 사랑'이 '진정한 사랑'으로 거듭납니다.

우리의 가장 못난 모습까지 사랑해주시는 하나님의 사랑을 매일 묵상하세요. 남편은 인정욕구가 강한 분이에요. 아마 힘들어도 그만두지 못하는 이유가 거기에 있을 거예요. 그의 연약함을 받아들이고 도와주세요. 결혼 생활은 영적 전쟁입니다. 부지 중에 나타나 사랑의 포도원을 망치는 작은 여우를 경계하세요.

2. 남편의 보조자가 되어주세요

부부는 서로의 보조자가 되어주어야 해요. 누구나 부족한 부분이 있고 결핍이 있습니다. 남편이 교회에서의 힘듦을 이야기할 때 "그 집사님에게 이렇게 말해보면 어떨까?", "전도사님도 요즘 많이 힘드신가 보네. 당신이 이해해줘~"라고 부드럽게 제안하고 이해시켜

줄 수 있지요. 본인 문제는 본인이 잘 보지 못하지만 옆에서는 잘 보여요. 부부가 서로 보조자의 역할을 하면 더 단단히 연합된답니다. 이는 해결책을 제시하기보다 해결책을 찾아갈 수 있도록 편을 들어주는 거예요.

3. '듣기 세 가지 원칙'을 실천해보세요

'듣기'는 엄청난 에너지를 소모하는 일입니다. 다음 세 가지 원칙대로 남편의 말을 들어보세요. 첫째, 듣는 시간을 정하고 그 시간에는 최선을 다해 들어주세요. 둘째, 경청하려면 충분한 경청을 받아야 한다는 걸 남편에게 알려주세요. 내 이야기는 털어놓지 못하면서 듣기만 하면 에너지가 고갈된다는 걸 충분히 이해시켜주세요. 셋째, 머리로 듣지 말고 마음으로 안아주세요. 판단과 불편한 생각들을 비워내고, 그저 안아주듯이 함께 있겠다는 마음으로 그의 이야기를 들어보세요. 들어달라는 건 '내 편이 되어달라'는 의미예요.

4. 부부가 기도 후 깨달음을 함께 나눠보세요

진정한 문제 해결의 열쇠는 하나님께 있습니다. 남편이 문제를 들고 하나님께 나아가도록 돕는 배필이 되어주세요. 어려움을 사람에게 쏟아내고 일시적으로 해소하는 게 아니라 기도의 자리에서 하나님께 도움을 청하고, 자신의 힘듦만 쏟아내는 게 아니라 하나님의 말씀을 경청하도록 말이지요.

또 하나님과 대면해서 얻은 깨달음을 나눠보세요. "나는 이렇게 기도했는데 이런 마음을 주셨어요"라고요. 말씀과 상황과 사람을 통해 다양하게 응답하시는 하나님 음성에 귀 기울이며, 마음속 얘기를 그분께 털어놓는 습관을 부부가 함께 훈련해보세요.

2
chapter

나를 안아주는 시간,
마음챙김

나를 괴롭히는
감정 알기

　　　　　자격지심, 미움, 두려움, 분노, 우울감…
현재 당신의 마음을 괴롭히는 감정은 무엇인가? 권위 있는 기독교
상담가인 헨리 클라우드 박사는 "믿음이 좋아도 누구나 감정적
고통 때문에 괴롭다. 상처가 없는 사람은 없다"라고 말했다.

　환자가 감정에 휩싸여 이야기하면 나는 "지금 느끼는 감정이 어
떤 건가요?"라고 묻는다. 그러면 대부분 "모르겠어요"라고 답한
다. 이 말을 얼마나 자주 듣는지 모른다. 이는 단순히 회피하기
위한 대답이 아니라 정말 자신의 감정을 알아차리지 못해서 하는
말이다. 그들은 감정의 파도에 휩쓸려 허우적거리고 있기 때문이
다. 우리는 살면서 감정을 파악하는 훈련을 해본 적이 드물다(사
실 거의 없다). 얼굴이 붉으락푸르락할 정도로 격앙된 상태에서도

감정을 억누르기 급급하다.

'이건 악한 감정이야. 들키면 안 돼. 누군가 알면 큰일 나!'

그래서 진짜 내 감정이 무엇인지 모른다.

독일의 종교개혁자 마틴 루터가 말했다.

"새가 머리 위로 날아가는 것을 막을 수 없다. 하지만 내 머리에 둥지 트는 것을 막을 수는 있다."

사람은 2초에 하나씩, 하루에 오만 가지 생각을 한다고 한다. 2초에 한 마리씩 새가 날아가는 꼴이다. 머리 위로 날아가는 새를 막을 수 없듯이 떠오르는 생각도 막을 순 없다. 그러나 머릿속에 둥지를 트는 건 막을 수 있다. 어떻게? 생각이 바람같이 지나가도록 놔두면 된다.

'아, 이런 생각이 또 떠오르는구나' 하고 그냥 바라보는 것이다. 그러면 생각이 정말 바람같이 지나간다. 하지만 놓지 않고 자꾸 붙잡으면 이내 주관적인 해석이 따라오면서 둥지를 틀게 된다.

예를 들어 교회의 한 지체가 내게 한 말이 생각났을 때 '그냥 그런 말을 내게 했구나' 하면 되는데 곱씹으면서 '그 친구가 나를 무시해서 그렇게 말한 건가?'라고 자의적으로 해석하는 것이다. 그때부터는 그 말이 자꾸 신경 쓰이고 과거 상처까지 끄집어내면서 견고한 둥지를 틀기 시작한다.

우울증이나 강박증이 있는 사람의 뇌는 생각을 뻥튀기하듯 부풀리는 경향이 있다. 머리에 둥지를 틀도록 내버려 두는 것이다.

이들은 일시적으로 스쳐 지나가는 무거운 기분에 압도되어 자기만의 생각에 깊이 빠져 이를 반추한다.

뇌에는 감정을 담당하는 감정 엔진인 '대뇌변연계'(limbic system)와 이성을 담당하고 감정 조절에 관여하는 '전전두엽'(prefrontal lobe)이 있다. 이 둘이 상호 작용하며 감정과 이성을 조율한다. 그런데 감정이 북받쳐 대뇌변연계가 지나치게 자극을 받아 전전두엽 피질이 대뇌변연계의 활동을 억제하지 못하면 뇌가 굳어져 이성적인 판단을 못 하게 된다. 이때 가장 필요한 건, 자신의 뇌가 굳어져 있다는 사실을 스스로 인지하는 것이다. '내가 화가 났구나, 지금 몹시 불안하구나' 하고 감정 상태를 알아차리는 게 마음챙김의 기본이다.

마음챙김이란 현재 순간을 있는 그대로 수용적인 태도로 자각하고 의도적으로 내 마음에 주의를 기울이는 것을 말한다. 이에 근거한 인지행동치료(MBCT, Mindfulness Based Cognitive Therapy, 이하 마음챙김 인지행동치료) 프로그램은 우울을 지속시키고 재발하는 반추(곱씹기)나 자기 비난과 정반대이기에 우울감을 해소하는 데 효과적이다.

영국 국립보건원에서 이 프로그램을 우울증 치료의 1차 처방으로 권장한 결과, 우울증을 3회 이상 겪은 환자의 재발률을 절반으로 낮췄다고 발표했다.

마음챙김 인지행동치료는 궁극적으로 자기 몸과 마음에 대한 새로운 앎의 방식을 가르친다. 부정적 생각이나 느낌과 맺는 관계를 근본적으로 변화시켜서 우울한 기분에서 벗어나도록 한다. 여기서 관건은 부정적인 생각이 떠오르더라도 그 내용을 변화시키려고 노력하지 않는다는 점이다. 대신 생각이나 감정, 몸의 감각과 관계 맺는 방식을 바꾸기 시작한다.

즉 괴로운 감정이나 생각, 감각이 내 몸과 마음에 한시적으로 일어나는 현상일 뿐 흘러가는 사건에 불과하다고 여기는 게 핵심이다. 굳이 싸우거나 억누르며 피하지 말고, 그저 바람같이 왔다가 지나가는 것을 지켜보면 된다. 그러면 자신에게 어떤 생각의 습관이 있는지, 생각이 어떤 양상으로 흘러가는지를 객관적으로 인지하고 알아차릴 수 있다.

이는 폭식증에도 효과적이다. 마음챙김에 근거한 스트레스 완화 프로그램(MBSR, Mindfulness Based Stress Reduction program)을 바탕으로 마음챙김 움직임, 마음챙김 먹기, 바디 스캔(body scan) 등의 명상적 기법을 활용한 프로그램을 훈련하면 몸의 감각, 생각, 감정을 의식하는 법을 배울 수 있다. 그래서 기분이 막 가라앉기 시작할 때 어떤 신호가 오는지 알아차릴 수 있다.

그중 '마음챙김 먹기'를 살펴보자. 살이 빠지면 기분이 좋고, 기분이 좋으면 살이 빠진다. 이 원리는 식욕 중추가 뇌에서 감정과 욕구를 다루는 시상하부에 있음을 의미한다. 즉 기분을 잘 다스리지 못하면 다이어트에 성공할 수 없지만, 식단 조절을 잘하고 기분을 다스리면 체중 감량이 보너스로 따라온다는 것이다.

또한 식단 조절을 해도 스트레스를 받으면 포만감을 느끼지 못할 뿐 아니라 스트레스 호르몬인 콜티졸이 분비되어 점점 식탐이 늘어난다. 그러면 뇌에서 싸움이 시작된다. '다이어트 기간이니까 먹어서는 안 된다'라고 외치는 이성의 뇌와 '스트레스 때문에 먹어야겠다'라고 울부짖는 본능의 뇌의 치열한 싸움. 하지만 늘 이성의 뇌가 패배하고 다이어트는 작심삼일로 막을 내린다.

이처럼 식욕은 내 의지로 조절할 수 없다. 그럼에도 많은 사람이 다이어트 실패를 의지의 문제로 여기며 자신을 탓한다. 그러나 식욕의 과학은 그렇게 단순하지 않다. 무심코 먹거나 스트레스 때문에 과식하는 습관이 여러 종류의 호르몬과 신경전달물질의 작용이라는 사실을 기억해야 한다. 그런데 시중에 떠도는 다이어트 방법은 '식사를 개선하는 방법'만 알려줄 뿐 '식사 행동과 식욕을 조절하는 방법'은 알려주지 않는다.

정신과 의사가 왜 비만 치료를 잘할까? 음식을 먹는 행동은 뇌가 조절하므로 식사나 수면 패턴에 문제가 생겼다면 의지의 문제로 치부하기보다는 뇌 속 쾌락 중추(복측피개영역과 측좌핵으로 이루어진 회로)의 문제를 근본적인 원인으로 봐야 한다. 음식을 섭취하면 쾌락 중추에서 자꾸만 더 먹고 싶게 만드는데 마약, 알코올, 도박 중독과 같이 이 중추를 진정시키는 건 매우 어렵다.

나는 〈세상을 바꾸는 시간, 15분〉 강연에서 "다이어트에 성공하려면 사랑에 빠져보세요"라고 말한 적이 있다. 사랑에 빠지면 도파민이라는 신경전달물질이 분비된다. 순간 뇌에서는 쾌락 중추가 활성화되어 행복해져서 신기하게도 음식이 당기지 않는다. 그러므로 먹고 싶은 걸 무조건 참으라고 하는 건 뇌의 쾌락 중추를 무시하는 다이어트법이므로 결코 성공할 수 없다.

식욕을 다스리려면 뇌를 변화시켜서 스트레스를 덜 받게 해야 한다. 이런 관점에서 마음챙김 먹기를 하면 식욕 중추가 기분이나 스트레스에 의해 폭주하는 것을 막을 수 있다는 사실이 과학적으로 입증되었다. 자세한 내용은 마음챙김 다이어트를 실천하는 식단 일기를 참고하길 바란다(《내 몸이 변하는 49일 식사일기》, 생각속의 집, 2018).

마음챙김 명상

명상은 심리치료 기법에서 인지행동치료, 즉 마음챙김에 해당한다. 흔히 크리스천은 '명상'을 불교 문화로 여기고 멀리한다. 그런데 나는 명상의 종교적 측면보다 정신건강을 위한 유익을 공부하면서 기독교 전통에도 '관상기도'라는 마음챙김이 있는 걸 발견했다. 이는 묵상기도가 발전한 형태로 침묵 가운데 마음으로 하나님께 나아가는 기도다. 그러므로 명상을 무조건 배척할 게 아니라 치료적 측면에서 유용한 점은 취하고 신앙 안에서 지혜롭게 활용하는 게 바람직하다.

'마음챙김 명상'은 우리의 생각과 마음을 들여다보는 작업이다. 고통이나 불안, 상처와 마음의 문제 등을 회피하지 않고 가까이 다가가 진정한 자아를 찾는 데 도움을 준다.

한 정신의학 저널은 미국 카네기멜론대학 연구진이 실직으로 극심한 스트레스를 받은 성인 남녀 35명을 대상으로 실험한 결과, 명상을 배운 사람은 그렇지 않은 사람에 비해 스트레스를 잘 견디며 활동성을 관장하는 두뇌 조직이 긍정적으로 변화한 걸 확인했다고 게재했다.

또 미국 웨이크포레스트대학 연구진은 1시간이 조금 넘는 명상만으로도 고통이 40%, 불쾌감이 57% 정도 감소한다는 연구 결과를 발표했다. 이는 평균 25%의 고통을 줄여주는 모르핀 같은 진통제보다 더 뛰어날 뿐 아니라 중독성도 없다는 점에서 탁월한 치료 기법이라고 할 수 있다.

○ 생각을 마음에 일어나는 사건으로 바라보기

마음챙김을 이해하려면 먼저 '생각'을 바로 알아야 한다. 우울한 생각이나 여러 감정이 절대적 진실이 아닌 단지 '마음(뇌)에 일어난 하나의 사건'으로 단순하게 보는 것이다.

많은 사람이 자신의 생각을 맞다고 여기기에 생각의 고정 틀이 생긴다. '나는 옳고 너는 틀려', '내가 더 잘 알아. 네 말은 어림도 없어', '넌 아직 어려서 몰라'라는 식으로 자기 생각을 정답처럼 받아들인다. 그러나 앞서 말했듯 실상 내 생각은 스쳐 지나가는 단상 중 하나일 뿐이기에 그것을 부여잡거나 반추할 필요가 없다.

우리는 속상한 일을 종일 곱씹곤 한다. 누군가에게 내 상처와 억울함을 호소하면서 자기 합리화를 하고 관점 자체가 '나'로 바뀌어 부정적인 감정을 점점 과장한다. 그런데 상처를 주변에 이야기하다 보면 상대의 반응에 따라 2차 상처를 받기도 한다. 이는 치료에 도움이 안 될뿐더러 상처만 깊어지며 우울증을 촉발하는 부정적인 기분과 생각도 증폭시킨다. 그래서 그런 사람에게 말한다.

"믿을 만한 한두 사람에게만 나누세요. 내 상처와 아픔을 여기 저기에 계속 이야기하는 건 자기 연민일 뿐입니다. 제발 상처를 곱씹지 마세요."

대신 이렇게 반응하라고 말한다.

'생각은 진실이 아니며 그저 생각일 뿐이야. 그냥 두면 왔다가 사라지는 거야. 반응하지 말고 지켜보면 돼.'

그러면 우울증으로 굳어진 뇌 회로를 조금씩 변화시킬 수 있다. 일시적 슬픔을 우울증으로 부풀리는 생각의 패턴 때문에 뇌의 특정 회로가 강화됐다면, 이를 약화시키는 과정을 통해 서서히 우울의 패턴에서 벗어날 수 있다.

○ 생각의 기어를 '행위 모드'에서 '존재 모드'로 바꾸기

'행위 모드'(doing mode)란 내가 하고자 하는 무언가에 꽂힌(과하게 집중하는) 상태를 말한다. 목표 달성에만 모든 초점이 맞춰져

있기에 미미한 오류의 여지도 못 견딘다.

그래서 강박이 있는 사람에게 "제발 꽂히지 마세요"라고 당부한다. 크리스천 중에는 성경 속 한 단어, 한 구절에 꽂히는 이도 있다. 예를 들어 '부활', '구원', '천국', '사단' 등의 단어에 꽂혀서 '과연 부활이 있는가, 없는가', '나는 구원을 받은 것인가'를 온종일 생각하다가 성경의 전체적인 맥락에서 벗어나는 경우다.

물론 신앙의 여정 가운데 근원적인 질문을 던지고 나름의 해답을 얻어야 할 때도 있다. 그러나 하나님을 만나기 전까지 우리는 스스로 명확한 답을 얻을 수 없다. 하나님 앞에 나아가 성경 전체에서 무얼 말씀하시는지를 이해한다면 내 존재와 하나님의 존재, 그 자체를 받아들이게 될 것이다.

또 이런 사람은 실제 세상, 즉 현실과 자신의 주관적 생각이나 원함 사이에서 끊임없이 비교하고 정죄하며 산다. 생각이 곧 실제라고 착각하며 있는 그대로의 세상을 살지 못하고 머릿속 세계에만 사는 것이다. 그러면 삶의 긍정적인 부분을 놓치게 되어 점차 기계적인 행위만을 하게 된다.

심리학자 대니얼 사이먼스가 이와 관련해 재미난 실험을 했다. 한 참가자가 행인을 붙잡고 길을 묻는다. 행인이 길을 알려주는 동안 커다란 문짝을 든 두 사람이 이들 사이를 비집고 지나간다. 길을 알려주던 행인의 시야가 잠시 가려지는 동안, 처음에 길을 물었던 사람이 다른 사람으로 교체된다.

새로 투입된 사람은 처음 사람과 완전히 다른 머리 모양을 하고 옷 색깔도 다르며 심지어 목소리도 다르다. 그런데도 행인의 절반가량이 사람이 바뀐 사실을 알아채지 못한다. 이 실험은 우리가 얼마나 '지금 이 순간'을 온전히 인지하지 못하고 습관화된 '행위 모드'로 정신없이 사는지를 보여준다.

이와 반대로 세상과 관계 맺는 방식이 바로 '존재 모드'(being mode)다. 내 생각과 감정을 가만히 바라보는 것이다. 지나치게 생각하고 분석하며 판단하는 오랜 습관에서 한 걸음 비켜나 마치 호숫가의 물결을 바라보듯이 내면을 바라보는 삶의 자세다.

호수는 잔잔하고 평온하다. 반면 파도는 거칠고 출렁거린다. 감정이 바로 파도와 같다. 집채만 하게 출렁거리다가도 언제 그랬냐는 듯 잠잠해진다. 마찬가지로 생각도 날아가는 새와 같다. 둘 다 오래 머물지 않는다. 그러므로 감정과 생각에 얽매이지 말고 그저 지켜보고 잠잠해질 때까지 기다리자.

'내가 저 사람을 많이 미워했구나.'

'과거에 엄마가 그래서 그런 말을 했구나.'

'내가 화가 났었구나. 그래서 마음이 힘들었구나.'

상처로 남은 기억을 한 발자국 떨어져 바라보자. 생각이나 감정의 필터를 거치지 않고 세상을 있는 그대로 보고 알아차리며 경험하자. 그러면 모든 감각과 온전히 접촉할 수 있으며 마음이 의식의 빛으로 충만한 상태로 되돌아갈 수 있다.

행위 모드가 덫이라면 존재 모드는 그 덫에서 벗어난 자유로운 마음 상태다. 마음챙김 명상이 마음의 기어를 행위 모드에서 존재 모드로 바꾸어준다.

○ 현재와 과거, 미래를 있는 그대로 보기

마음챙김을 통해 감정과 거리두기를 하고 내면에 주의를 집중하면 현재 마음 상태를 있는 그대로 볼 수 있다.

한 폭식증 환자가 진료실을 찾았다. 그녀는 남자친구와 싸운 후에 닥치는 대로 먹었다고 했다. 그럴 땐 화나는 상황이지만 폭식보다 자신의 상태를 알아차리는 게 급선무였다.

'내가 지금 화가 났구나. 내 안에 버림받음의 상처가 자극되었구나. 쾌락 물질로 채우려 하지 말고 나가서 산책하고 들어와 목욕이나 하자.'

이렇게 이성적으로 해소할 여유가 있어야 한다. 그러나 대부분 고통을 잊기 위해 즉각적 쾌락을 찾는 자동화 사고에 빠지곤 한다.

'아, 괴롭다. 이 고통을 당장 없애고 싶다. 그래, 아이스크림을 먹자!'

그러면서 아이스크림을 통째로 비워버린다. 그런 이들에게 말한다.

"당신은 과거에 버림받은 상처가 있었어요. 지금 비슷한 일로 상처를 받았고요. 미래에도 같은 상처를 받을까 봐 두려울 거예요. 왜 과거의 상처, 미래의 불안을 다 끌어안고 있나요? 자신의 모습을 멀리 떨어져서 바라보세요."

과거를 현재로 소환하여 반추하면서 '또다시' 후회하거나 우울해하지 말고, 아직 오지 않은 미래를 '미리' 끌어와서 걱정하고 염려하기를 멈추자. 기억을 단지 '기억'으로, 미래를 '단순한 계획'으로 보자.

과거는 기억을 회상하게 할 뿐이고, 미래는 앞으로의 일을 계획하게 할 뿐이다. 이것을 의식적으로 자각할 때 더 이상 정신적으로 시간 여행의 노예가 되지 않는다.

지금 있는 그대로의 실재에 어떤 판단도 없이 주의를 기울일 때 사랑하는 마음으로 자신을 볼 수 있다. 경험을 판단하거나 부정하지 않게 된다. 삶을 자신이 원하는 필터를 거치지 않고 그대로 보게 된다. 내 삶이 어땠으면 좋겠다고 바라거나 어떻게 되지 않았으면 좋겠다고 두려워하는 상태가 아니라 있는 그대로 펼쳐진 삶을 받아들이는 것이다.

○ 감정을 알아차리고 명명하기

부정적인 감정이나 생각을 적어보자. 그러면 마음을 어지럽히는 대상을 객관화시키고 분리시켜 바라볼 수 있다. 자신의 감정을 알아차리고 이름을 붙이면 뇌스캔에서 편도체(공포와 관련된 감정을 처리하여 뇌의 다른 부분에 경계 태세 등 알람을 울리는 뇌 부위)가 차분히 진정되는 걸 발견할 수 있다. 그러면 감정적 반응에 제동이 걸리고 전두엽 피질이 활성화되어 감정 조율과 현명한 대처가 가능해진다.

또한 분노, 미움 등에 쉽게 휩쓸린다면 속으로 숫자를 세거나 냉수를 한 잔 마시길 권한다. 그 장소에서 벗어나는 것도 도움이 된다. 집 밖으로 나가거나 산책을 하면서 분위기를 환기해보자.

감정은 화재경보기이다. 무시하거나 억누르지 말고 어떤 감정인지, 몸으로 나타나는 증상이 있는지 살펴봐야 한다. 또한 1,2분 안에 없어지는 시한부 현상이다. 영원히 지속되지 않는다는 걸 명심하며 순간의 기분에 휩쓸리지 말자.

○ 폭넓은 관점을 갖기

미국 신학대학원에서의 첫 강의가 강한 인상으로 남아있다. '라이프 롱 디벨롭먼트'(Life Long Development)라는 수업으로 도화지 한가운데 선을 긋고 지금까지의 인생을 그려보는 작업이었다.

다 그리고 나니, 내 삶의 굵직한 사건들이 중요한 전환의 시기였음을 깨달았다. 당시에는 마치 광야를 걸어가듯 고립되고 웅크린 삶이었지만, 그 변곡점을 잘 넘기면 놀랍도록 새로운 것들이 주어졌다.

'내 삶은 왜 이 모양일까? 왜 하는 일마다 안 될까? 하나님은 왜 답이 없으시지?'

이런 하소연을 하기 전에 마음챙김의 확장판인 인생 그래프를 그려보자. 전에 없던 폭넓은 시야로 삶의 큰 그림을 한눈에 볼 수 있다. 그리고 그림의 주인이 하나님이심을 고백하게 된다.

하나님의 관점에서 내 삶을 바라보기 시작하면 내게 상처를 준 상대의 입장도 헤아릴 수 있고 상처를 튕겨내는 단단한 마음 근육도 길러진다. 삶 속 크고 작은 아픔과 상실의 기억들이 하나님의 인도하심 속 작은 줄기로 여겨지며 그분의 주권을 온전히 인정하는 은혜를 누릴 수 있다.

또한 삶의 목표와 은사, 방향을 찾을 때도 새로운 시야와 유연한 관점이 열린다. 나도 신학대학원 시절에는 앞으로 무슨 일을 해야 할지 고민이 많았다. 정신과 의사를 할지, 신학 공부를 계속할지 방향을 잃었던 시기에 내게 주신 은사와 집중할 일을 찾아볼 수 있었다.

코로나 시대의 마음챙김

코로나19로 통제력이 상실된 시대에 '내가 통제할 수 있는 것'에 집중하기를 권한다. 내 의지와 행동은 내게 속해있다. 내 몸을 보듬고, 좋은 음식을 먹고, 호흡과 명상을 통해 몸과 마음을 이완하고, 자율신경계를 안정시키는 노력이 절실하다.

그런데 마스크로 호흡이 불편한 현실에서 어떻게 호흡으로 긴장을 풀 수 있을까? 우리는 평생 숨을 쉬며 살아왔고 이 순간에도 수동적으로 숨을 쉬고 있지만, 사실 호흡도 능동적으로 조절할 수 있다. 자율신경계에서 의지로 조절할 수 있는 곳은 호흡 근육 즉 횡격막뿐이다. 그래서 호흡이 중요하다.

지금 당장 숨을 쉴 수 없으면 어떤 일이 벌어질까? 산소농도가 90% 이하로 떨어지면 혈액은 인체 조직을 지탱하기 위한 산소량을 충분히 공급하지 못한다. 이 상태가 지속되면 심부전, 우울증, 기억력 감퇴, 조기 사망으로 이어질 수 있다. 또 공황장애 환자에게 찾아오는 과호흡은 병적 증상이기도 하지만 호흡이 멈출 것에 대한 두려움으로 인한 반응적 현상일 수도 있다. 그래서 단순히 신경안정제만으로 그 두려움을 없앨 수는 없다. 좀 더 능동적으로 호흡하는 법을 배우고 자기 조절 능력을 키울 필요가 있다.

호흡이 있는 자마다
여호와를 찬양할지어다 할렐루야 시 150:6

예를 들어 하루를 시작하는 아침이나 마무리하는 시간에 숨을 5초간 들이쉬면서 하나님의 사랑을 묵상하고, 1초간 숨을 멈춘 다음, 5초간 숨을 내쉬면서 "하나님, 사랑합니다"라고 말해보자.

하루를 마무리하면서 몸을 느껴보는 '바디 스캔'도 도움이 된다. 편안하게 누워서 눈을 감고 몸 구석구석을 돌아보는 것이다.

'오늘 내 머리는 좀 아팠나? 종일 앉아서 일하느라 목이 뭉쳤나? 내 다리는 또 얼마나 수고가 많았나? 뱃속에 불필요하게 집어넣은 건 없었나?'

생각의 파도에 휩쓸리지 않고 온전히 내게 집중하는 게 마음챙김이다. 자신을 더 소중히 여기겠다는 결단과 깨달음, 가족과 이웃의 소중함, 학교와 직장, 건강과 방역의 감사함, 마음 돌보기에 대한 발견이 우리를 살게 한다.

내 몸을 챙기는 마음챙김이 이뤄지면 더 이상 행복과 만족, 조화를 위해 외부 메시지에 의존하지 않아도 된다. 시원한 샘물이 솟아나듯 자연스러운 열정과 활력, 평정심이 내면에서 솟아나고 삶의 통제권을 되찾을 수 있다. 시야는 놀랍도록 넓어져 인생의 큰 그림을 보게 되며 무엇이 중요하고 중요하지 않은지 구분할 수 있게 된다.

오직 너는 스스로 삼가며
네 마음을 힘써 지키라 **신 4:9**

모든 지킬 만한 것 중에 더욱 네 마음을 지키라
생명의 근원이 이에서 남이니라 **잠 4:23**

내 마음 ♥ 응급처치

마음챙김은 현재를 있는 그대로 수용적 태도로 자각하고
의도적으로 내 마음에 주의를 기울이는 것을 말한다.

1. 요즘 내 감정 상태는 어떤지 있는 그대로 적어보자.

_____

2. 매일 아침이나 하루를 마무리하는 시간에 숨을 5초간 들이쉬면서
   하나님의 사랑을 묵상하고, 1초간 숨을 멈춘 다음,
   5초간 숨을 내쉬면서 "하나님, 사랑합니다"라고 말해보자.

3. 우울할 때 연락하거나 도움을 청할 사람은 누가 있는가?

_____

4. 우울한 기분에서 벗어나기 위해 당장 실천으로 옮길 수 있는
   행동들을 적어보자.

_____

_____

5. 우울할 때마다 다음 문장을 큰 소리로 말해보자.

   "우울증은 믿음이 없거나 의지가 약해서 생기는 게 아니다!"

2부 당신의 마음을 쉬게 해주세요 **209**

Q 남편이 만성 우울증과 정서적 장애 진단을 받았어요

현재 상담센터에서 8회 정도 상담을 받았습니다. 그도 힘들겠지만 곁에서 지켜보며 챙겨주는 저도 너무 힘듭니다. 남편의 툭툭 내뱉는 말 때문에 상처도 받고요. 단기간에 끝날 치료는 아닌 것 같은데 우울증 환자를 둔 가족은 어떤 마음가짐으로 살아야 할지, 마음을 어떻게 챙길 수 있는지 궁금합니다.

A 가족의 존재가 정말 큰 힘이 된답니다

남편이 하루빨리 '예전 모습으로 돌아갔으면…' 하는 간절함과 '이대로 영영 돌아오지 않으면 어떡하지?' 하는 두려움이 공존할 거예요. 그래서 환자를 돌보는 가족도 함께 우울해질 수 있어요. 하지만 가족의 존재가 환자에게 정말 큰 힘이 된답니다.

1. 우울증을 올바로 이해하세요

한시적인 우울감과 달리 우울증은 뇌의 회로에 영향이 온 상태로 뇌의 병입니다. 감정에 깊이 빠져 감정과 이성을 조율하는 뇌가 굳어진 상태로 저절로 풀리기가 어렵습니다. 이 질병을 대수롭지 않게 여기는 주변 사람들의 말에 환자가 상처받기도 하고, 환자의 의욕 없는 모습이나 짜증, 화 때문에 가족들도 상처를 받지요. 그래서 가족이 우울증이라는 질병을 올바로 이해하고 다가가는 게

꼭 필요해요. 우울증을 경험한 사람은 '암보다도 무서운' 질병이라고 이야기합니다. 인간관계가 깨지고, 실직하거나 실패를 경험하는 고립의 시기를 겪고, (영성과 심리학의 조화를 위해 노력한 정신의학자 제랄드 메이가 언급한 것처럼) '영혼의 어두운 밤'을 지나며 모든 게 잘못되어 가는 것처럼 보이기도 하지요.

겉으로는 멀쩡해서 꾀병인 것 같지만 정말 아무것도 할 수 없는 상태라는 걸 자신도, 가족도, 직장과 교회에서도 받아들이기 어렵습니다. 그러나 그 과정에서 자신의 어두운 자아를 인식하고 끝내 잘 이겨내 더욱 단단해질 거라고 믿어주세요.

2. 약물치료에 대한 거부감을 버리세요

우울증 환자는 면역력이 떨어진 상태입니다. 감기도 약을 먹으면 더 빨리 낫고 폐렴으로 진행되지 않듯이 마음의 감기도 약이 필요해요. 치료받지 않으면 우울증을 앓는 평균 기간이 8-12개월이지만, 약물치료를 받으면 3개월 만에 좋아질 수도 있어요. 치료 기간이 훨씬 단축되고 증상이 완화되지요.

그러므로 상담과 더불어 약물치료를 받기로 결단해보세요. 신앙으로 버티다가 치료 시기를 놓치는 경우도 종종 있는데, 인간의 육체가 연약하다는 사실을 겸손히 받아들이고 의사를 신뢰하세요. 또 가족이나 교회 등 주변에서 말하는 약물에 대한 오해나 편견에 귀 기울이지 마세요. 그들은 약물이나 정신과 치료를 잘 알지도 못하고 우울증에 걸려본 적도 없어요. 대신 수많은 우울증 환자를 치료해본 경험이 있는 전문가의 조언을 따르세요.

3. 신생아를 키운다고 생각하세요

성경 속 로뎀나무 밑에서 엘리야의 모습이 우울증의 전형적인 임상 증상을 나타내요. 하나님께 데려가 달라고 소리치는 그의 모습에서 삶의 고단함과 무거움이 느껴지지요. 그때 천사가 어떻게 했나요? 조언하거나 훈수를 두지 않고 그저 물과 음식을 가져다주고 돌봐주었어요.

우울증 환자는 신생아와도 같아요. 로뎀나무 밑에서 먹고 자고 쉬었던 엘리야처럼 그 외에는 딱히 할 수 있는 일이 없습니다. 우리가 신생아에게 빨리 자라라고 닦달하지 않듯이 우울증 환자도 고갈된 에너지를 채우고 회복하기까지 시간이 필요해요.

통상적으로 발병 이후 6개월에서 길게는 1,2년까지 웅크리고 널브러져 있는 시간을 기다려주세요. 엘리야를 돌봤던 천사처럼 곁에서 남편의 필요를 채워주세요. 우울증 환자의 가족이나 교회 친지가 보호자로 같이 내원할 때마다 제가 부탁하는 말이 있어요.

"당분간 천사가 되어주세요."

사랑,
실존적 외로움의 유일한 해답

아, 내 안에
사랑할 능력이 없다

2019년 어느 적막이 흐르는 새벽, 나는 잠자리에서 일어나 통곡했다. 그리고 '아, 내게 사랑할 능력이 없구나'라는 걸 깨닫고 회개하기 시작했다. 깊은 탄식이 터져나왔다.

'주님, 제 안에 사랑이 없습니다. 제가 그동안 사랑이라 생각했던 모든 것이 잘못된 것이었음을 고백합니다. 주님이 알려주신 사랑이 아닌 제가 하고 싶은 대로 사랑했습니다. 이제 참사랑을 배우고 실천하길 원합니다. 제게 사랑을 알려주시고 사랑할 능력을 부어주세요. 하나님의 본질은 사랑이십니다. 제가 하나님의 사랑을 알고 더욱 사랑하기를 간절히 소망합니다.'

사랑하지 아니하는 자는 하나님을 알지 못하나니

우리는 하나님을 향해 '왜 나를 사랑하지 않느냐'고 울부짖기 전에 '하나님을 더 사랑하게 해달라'고 기도해야 한다. 인간은 왜 하나님의 본질인 '사랑'을 깊이 묵상하지 못하고 실천하지 않으려 할까? 그분의 응답은 다음과 같다.

'괜찮다. 너는 육신의 부모에게 사랑을 제대로 받지 못했고, 사회에서 잘못된 배움을 얻었고, 사랑의 대상에게 상처를 받았잖니? 다 알고 있단다. 앞으로 내 사랑을 알려줄게. 사랑할 능력을 부어줄게. 네가 참사랑을 베풀 수 있도록 도와줄게.'

하나님은 죄로 얼룩져 수치스러워서 울며 회개하는 우리를 보듬어주신다. 아담과 하와가 에덴동산에서 벌거벗고 수치심을 느꼈을 때 가죽옷을 지어 가리게 하셨던 것처럼. 인류 최초로 살인죄를 저지른 가인이 방랑자가 되었을 때 회개할 줄 모르는 그에게도 자비를 베푸셨듯이.

가인에게 표를 주사 그를 만나는 모든 사람에게서
죽임을 면하게 하시니라 **창 4:15**

배우자의 외도 문제로 상담을 오는 이들이 많다. 그들은 가정을 지키고 싶어서 나를 찾아온다. 그렇지 않다면 법원으로 바로 갔을 것이다. 내담자들은 대부분 배신의 상처로 분노한다. 그런데 깊은 이면에는 다시 사랑받고, 사랑하고 싶은 마음이 깔려있다. 나는 사연을 들으며 상담자로서 무력감을 느낀다.

'외도한 배우자를 다시 사랑하는 게 가능할까? 상대를 단번에 용서하고 예전 모습으로 돌아갈 수 있을까?'

이런 극단적인 상황이 아니어도 남녀가 결혼 후에 눈에서 콩깍지가 벗겨지고 서로의 밑바닥을 보게 되었을 때 그 모습마저 사랑하는 건 우리의 힘으로는 불가능하다. 정신건강의 측면에서 보면 인간의 사랑의 능력이 거기까지라고 받아들이는 편이 낫다. 크리스천이기에 다 용서할 수 있다고 기대하거나 강요하면 오히려 상처받고 신앙마저 흔들릴 수 있기 때문이다.

결론만 말하면, 인간은 십자가 사랑이 아니고서는 본질적으로 사랑할 능력이 없다. 하나님이 베푸신 십자가 사랑을 깨닫고 그 앞에서 상처와 실망감, 외로움을 치유받고 새로워지지 않으면 사랑은 불가능하다. 또한 사랑의 능력은 한 번이 아니라 매일 구해야 한다.

사랑의 능력이란 사랑을 베푸는 능력뿐 아니라 사랑받을 줄 아는 것도 포함한다. 흔히 사랑하는 것만 중요하다고 생각하는데 사랑받을 줄 아는 것도 똑같이 중요하다. 곰곰이 생각해보라. 나는 사랑받을 줄 아는가?

많은 사람이 이렇게 생각한다.

'나 같은 사람을 누가 사랑해줄까?'

'그가 내 진짜 모습을 알고도 계속 사랑할까?'

'부모에게도 받지 못한 사랑을 누구에게 받을 수 있을까?'

'세상에 무조건적인 사랑이 있을까?'

이런 감정은 에덴동산에서 시작된 버림받음의 상처에 기인한다. 여기서 자유로운 사람은 없다.

예수님은 "서로 사랑하라"라고 명하셨다. 그 기준은 '예수님이 우리를 사랑하신 것처럼'이지 '자기 맘대로'가 아니다. 봉사, 전도, 찬양, 헌금, 새벽기도 등 겉으로 보이는 종교 활동을 아무리 많이 해도 그 안에 사랑이 없다면 아무 의미가 없다. 울리는 꽹과리가 되지 말아야 한다.

> 내가 사람의 방언과 천사의 말을 할지라도 사랑이 없으면
> 소리 나는 구리와 울리는 꽹과리가 되고 고전 13:1

나는 무조건적 사랑을 받아본 적이 있다. 정신과 레지던트 1년 차에 폐쇄 병동에 입원한 환자들과 갇혀서 당직을 서며 생활했을 때였다. 그때 한 여성 간사님이 1년 넘게 매주 그곳의 당직실로 찾아와 말씀을 가르쳐주었다.

솔직히 배운 내용은 하나도 기억나지 않는다. 다만 그분이 돌아갈 때 정신과 철문이 철컹 닫히면서 환한 빛이 비쳤던 게 선명히 기억에 남는다. 그 뒷모습이 마치 천사처럼 보였다.

'저분은 무엇 때문에 매주 날 찾아와 줄까?'

그러다 깨달았다.

'아, 사랑이구나.'

그녀가 내게 베푼 건 성경 지식의 전달이 아니라 조건 없는 사랑과 봉사였다. 아무 대가도 바라지 않고 하나님의 사랑을 전해주었던 그 헌신 덕분에 당시 IMF로 아버지를 여의고 바닥까지 떨어졌던 암울한 시절을 견딜 수 있었다. 나아가 신학대학원에도 진학했다.

그 시점에 어떤 열매나 삶의 변화가 보이지 않아도 무조건 사랑의 씨앗을 심었던 그 선행에 감사드린다. 이처럼 섬김의 목적과 방향성이 나를 향해 있는지, 상대를 향해 있는지 점검하는 게 참 중요하다.

사랑은 훈련이다

에리히 프롬의 《사랑의 기술》(The Art of Loving)을 읽어보았는가? 나는 스무 살에 대학교 교양 도서로 읽고, 서른이 넘어 정신의학 추천 도서로 읽었다. 처음에는 무슨 얘긴지 도통 이해되지 않았다. 그런데 정신과 수련을 받고 20년 넘게 환자를 상담하며 연륜과 경험이 쌓이자 구절구절이 더 와닿았다.

프롬은 인간의 실존적 외로움은 어떤 걸로도 채워지지 않고 오직 인간의 합일(合一)로 채워진다고 했다. 그가 크리스천이었는지는 모르지만 진리를 아는 사람이라는 생각이 들었다. 그에 따르면 현대사회의 '사랑 상실'의 근본 원인은 '자기 상실'이라고 한다. 인간 존재의 가치가 아닌 물질의 가치가 지배하는 사회에서 겪는 인간의 자기소외가 사랑의 상실을 가져온 가장 본질적인 이유라는 것이다. 그런데 자기 상실, 곧 사랑의 능력 상실을 극복하기 위해서는 "사랑하라"라는 종교적 설교나 도덕적 교훈만으로는 불가능하다는 것이 그가 가장 역점을 두는 내용이다.

오늘날 많은 사람이 애정 결핍으로 인한 공허함을 채우려고 마치 진공청소기처럼 이것저것을 흡입한다. 자신에게 이로운지, 해로운지 분별하지도 않고 이성과의 친밀함, 쾌락, 중독 등에 빠지기도 한다. 이는 인간 존재가 안고 있는 공허함과 외로움을 타인이 채워줄 수 있다는 생각에 기인한다. 그러나 감정적 끌림으로 그 결핍을 채울 수 있다는 생각은 잘못된 전제다.

또한 특별한 노력 없이 사랑받기에만 급급하고 감정이 식으면 사랑이 끝난 걸로 여기는 사람도 많다. 그들에게 안타까운 소식을 하나 전한다. 사랑은 '감정'이 아니라 '노력'이며 '대상'의 문제가 아닌 '능력'의 문제다. 그래서 사랑에 빠지는 감정을 사랑이라 여기는 건 큰 착각이다.

만일 두 사람이 만나 급속도로 감정이 불타오른다면, 그건 둘이 얼마나 외로웠는지를 증명하는 것일 뿐이지 진정한 사랑으로 보기는 어렵다. 그렇다면 인간의 이 허전함을 무엇으로 달랠 수 있을까? 불같은 사랑은 얼마나 유효할까? 인류는 그 해답을 오랜 기간 찾아 헤맸다. 그런데 인간관계에서의 이기적인 사랑은 정도가 다른 집착이나 착취이지 결코 사랑이라 할 수 없다. 하나님과 단절된 채로는 허전함이나 결핍이 결코 채워질 수 없기 때문이다.

마치 시시포스 신화에 나오는 형벌처럼(있는 힘을 다해 바위를 산꼭대기까지 밀어 올려도 다시 사정없이 아래로 굴러떨어져 원점이 되는 것처럼) 바위를 산 정상에 절대로 올려놓을 수 없다는 걸 알면서도 영원히 바위를 굴려야 하는 운명적 형벌과도 같다. 바위 굴리는 일을 되풀이하며 존재론적 공허함을 채우려 들지만, 매번 기대를 저버리고 더 큰 공허함만 남기는 인간관계에서의 좌절이 꼭 굴레같이 느껴진다.

사람은 분리감을 해소하기 위해 중독 현상, 집단과의 합일, 창조적 행동에 몰입한다. 하지만 모두 일시적이거나 가짜 합일일 뿐 유일한 해답은 '하나님과의 연합' 그리고 '인간과의 진정한 합일'이다. 이제 진정한 사랑의 원리를 살펴보자.

○ 성숙한 사랑의 자질

성숙한 사랑은 자신의 개성을 유지한 상태에서 상대방과 합일한다. 사랑은 포기하거나 희생을 강요하는 게 아니라 '주는 것'이다. 감정의 종노릇 하는 게 아니라 자신의 생명을 나눠주는 것이기에 상대를 풍요롭게 하며 생기를 불어넣는다. 그래서 상대도 결국 주는 자로 만드는 것이 사랑이다.

에리히 프롬은 성숙한 사랑의 자질로 보호, 책임, 존경, 지식을 말했다. '보호'는 상대방의 성장에 관심을 갖는 태도다. 상대를 정말 사랑한다면 그가 성장하길 진정으로 바랄 것이다. 부모가 자녀에게, 의사가 환자에게 가져야 할 자세다.

'책임'은 상대의 문제를 내 문제처럼 여기는 태도다. 진료실에서 종종 배우자의 문제를 탓하기 급급한 이들을 만난다. 그래서 보통 부부상담은 두 사람이 함께 받기보다는 각자 자신의 문제를 먼저 들여다보게 한다. 그런데 둘 중 한 사람만 성찰해도 부부는 변화한다. 한 사람이 자신의 문제를 배우자에게 털어놓고 이야기하면 그도 책임을 느끼고 함께 해결하려고 하기 때문이다. 이처럼 상대의 문제를 끌어안고 해결책을 모색하는 태도가 바로 책임이다.

'존경'은 상대를 있는 그대로 바라보며 개성을 인정해주는 태도다. 흔히 존경할 만한 대상에게만 해당한다고 생각하는데 손아랫사람이나 자녀도 존경의 대상이다. 진료실을 찾은 부모에게 자녀를 존중하고 칭찬해주라고 하면 이렇게 말한다.

"애가 존중할 만한 행동을 해야 하죠. 칭찬할 게 없는데 무슨 칭찬을 해요."

부모의 기준에 자녀를 맞추려다 보면 자녀가 뭘 해도 탐탁지 않을 수밖에 없다.

'너는 누굴 닮아서 이렇게 게으르니? 왜 정리 하나 못 하니? 왜 그렇게 공부를 못 하니? 아침에 스스로 일어나지도 못하면서 커서 뭘 할 수 있겠니?'

이런 비난은 자녀에게 엄청난 상처를 준다. 부모에게 인정받지 못하는 자녀는 사회에 나가서도 할 수 있는 게 없다. 어떤 경우에도 비난보다 '인정'이 먼저다. 자녀의 부족한 부분까지도 인정하고 조금씩 나아질 수 있도록 곁에서 돕는 게 부모의 역할이다. 자녀를 있는 그대로 받아들여 줄 때 '자녀 사랑'이 완성된다.

마지막으로 '지식'은 상대방의 본질과 핵심을 파고드는 태도다. 상대의 말과 행동, 문제의 이면에 어떤 본질이 있는지, 어떤 마음이 숨어있는지, 핵심 원인이 무엇인지를 자세히 들여다보는 거다. 자녀를 바라볼 때도 이렇게 생각해보라.

'쟤가 저렇게 늦게 일어나고 학교에 가기 싫어하는 이유는 무엇일까?'

교회 공동체에서도 '그 형제(자매)가 상처 주는 말을 잘하는 이유는 그에게도 상처가 있어서 아닐까'라고 생각을 달리해볼 수 있다. 사랑은 아는 것에서 시작된다.

○ 사랑의 전제 조건

사랑을 실천하기 위한 전제 조건이 있다. 바로 훈련, 정신 집중, 인내, 최고의 관심이다. 사랑은 저절로 되지 않는다. 삶의 전 영역에서 의식적이고 지속적으로 '훈련'해야 한다. 또한 '정신 집중'이 필요하다. 지금 이 순간에 몰두하며 혼자 있는 시간을 잘 보낼 수 있도록 마음을 관리하는 것이다. 이 시간을 견디지 못하면 상대에게 집착하거나 의존하고 선을 넘는 행동을 한다. 그러므로 오롯이 혼자 마음 관리를 해야 건강한 사랑을 할 수 있다.

'인내'는 성과가 없을지라도 포기하지 않는 끈기를 말한다. 나는 환자들에게 고린도전서 13장을 묵상하라고 권한다. 그 서두에 쓰여있듯이 사랑은 오래 참는 것이다(고전 13:4). 사랑을 통해 인내를 연습하고 인내함으로 사랑이 결실할 수 있다.

'최고의 관심'은 사랑하고 싶다는 열망, 즉 사랑의 실천에 대한 강렬한 열망이다. 혹 미운 사람이 있는가? 자녀가 괘씸해서 꼴도 보기 싫은가? 남편(아내)과 이혼을 생각하고 있는가? 미운 지체 때문에 교회를 떠나고 싶은가? 나를 힘들게 하는 직장 동료 때문에 매일 이직을 생각하는가?

그럴 때일수록 사랑할 수 있는 능력을 달라고 기도하자. 진정 관계의 회복을 원한다면 사랑하고 싶다는 열망을 품는 게 먼저다. 상대가 너무 형편없고 밉고 상처를 자꾸 건드려서 싫고 속이 부글부글 끓지만, 아프니까 사랑이다. 눈에 넣어도 안 아픈 대상을 사랑하는 건 악인도 할 수 있다. 비록 나를 아프게 함에도 사랑할 수 있는 건 우리에게 하나님이 가르쳐주신 사랑이 있기 때문이다.

성경 전체에 우리를 향해 "나는 너를 끝까지 사랑한다", "내게 돌아오렴", "나를 잊지 말아다오"라고 끊임없이 말씀하시는 하나님의 절절한 구애의 메시지가 담겨있다. 그 절정이 바로 십자가 사랑이다. 하나님께서는 자기 아들을 십자가에 내어주심으로 우리에게 사랑과 용서와 죄의 결과물인 상처까지 책임지심을 몸소 보여주셨다. 십자가 보혈의 능력이 우리에게 부어지기를 간절히 구하자.

○ 상처의 치유가 필수

사랑은 영적 전쟁이다. 그래서 진정한 사랑의 과정에는 내면의 아픔이 드러나기 마련이다. 그 단계는 '사랑에 빠짐(전이)→실망/분노→회피→상처 치유→견고한 사랑'이다.

'전이'는 내가 가진 이미지를 상대에게 투영하는 것이다. 내 무의식적 소망을 투영하여 '그(그녀)는 이럴 것이다'라고 상대를 이상화해서 눈에 콩깍지가 씌는 과정을 말한다. 정신과적 의미로는 내담자가 과거에 중요한 사람에게 느꼈던 감정을 상담자에게 옮겨서 생각하는 걸 말한다.

그런데 곧 현실이 드러나면서 '실망/분노'로 넘어가고 서로의 밑바닥을 경험하고는 '회피'의 단계에 이른다. 하나님과의 관계에서도 우리가 그분을 알고 사랑하다가 죄를 지어 숨어버릴 때가 있다. 그때 하나님께서는 낭떠러지 끝까지 도망쳐 숨은 우리의 깊은 무의식과 죄의식 한가운데로 찾아오셔서 만나주시고 사랑해주신다. 그러면서 우리는 '상처 치유'로 접어든다.

'이런 내 밑바닥까지도 있는 그대로 사랑해주시는구나. 나조차도 인정하기 싫은 이 수치스러운 죄성, 상처까지도 사랑받을 수 있구나!'

이런 깨달음을 통해 조금씩 치유가 일어난다. 사랑과 아픔과 치유의 과정을 반복하며 '견고한 사랑'의 회로가 생긴다. 이것을 나는 '문턱을 넘는 과정'이라고 상상해본다. 스스로 초라하고 사랑받지 못하는 존재로 여기던 현관에서 하나님의 사랑을 경험하고 사랑할 줄 아는 능력이 생기면 문지방을 뛰어넘어 안방으로 들어갈 수 있다. 거기서 우리는 하나님의 사랑을 주위에 흘려보내고, 누구든 쥐어짜지 않고 편안하고 자연스럽게 사랑할 줄 알게 된다.

우리는 결혼 생활을 비롯한 모든 관계에서 꿈꾸는 상대의 모습을 그려놓고 시작한다. 그러나 관계가 깊어질수록 환상이 깨지고 서로의 연약함과 아픔을 마주하게 된다. 이 실망과 분노의 문턱을 넘어 서로 용납하고 인정하고 대신 감당해줄 때 '환상의 사랑'에서 '진정한 사랑'으로 거듭날 수 있다.

베드로는 문턱을 넘은 대표적인 인물이었다. 그는 예수님을 누구보다 뜨겁게 사랑했지만 결국 배신했다. 그리고 민낯이 드러나는 수치를 경험했지만 부활하신 예수님을 만나고 변화되었다. 깊은 죄책감의 상처가 치유되면서 자신이 그려놓은 '환상 속 사랑'에서 '진실하고 견고한 사랑'의 단계로 넘어갔다. 그 후 베드로의 사랑이 얼마나 흘러넘쳤는지 우리는 다 알고 있다.

그러므로 상처 치유에 있어서 십자가 보혈의 능력은 절대적이다. 십자가는 인류의 죄를 단번에 해결해주신 구원의 수단이자 죄로 인한 모든 부산물(상처)까지도 치유하시는 능력이다. 그 십자가에 담긴 예수님의 마음이 바로 '사랑'이다. 그러므로 크리스천에게 사랑은 십자가를 제외하고 생각할 수 없다. 그리고 진정한 사랑을 하기 위해서는 상처 치유가 필수다.

자기 십자가를
지는 삶

어떤 종교의 신적 존재가 자신을 희생하는 모습을 보여주었는가? 예수님밖에 없다. 나의 십자가가 뭘까 생각해보면 결국 자기부인(self-denial)이다. 하나님이 가르쳐주신 사랑을 실천할 때 방해하는 모든 생각, '내가 왜 바뀌어야 하는데?', '왜 용서해야 하는데?', '왜 참아야 하는데?' 등을 내려놓는 거라고 할 수 있다. 그러면 진정한 사랑을 하기 위해 무엇을 해야 할까?

○ 드러내고 인정하기

크리스천이 정신과를 찾는 건 믿음이 약해서가 아니다. 오랫동안 우울증에 시달리다가 병원을 찾은 분이 내게 말했다.

"신앙으로 이겨보려 했는데 제 믿음이 약해서인지 잘 안 됐어요…."

나는 간곡하게 말했다.

"자신이 연약하고 하나님의 사랑과 치유가 필요하다고 인정하는 사람은 병원 치료와 상담을 받습니다."

사실 병원 치료나 상담을 피하는 가장 큰 이유는 죄와 상처를 직면하기 싫기 때문이다. 그러나 드러내고 인정하는 순간에 치료의 절반이 끝난다. 그러니 묻어두지 말고 빛 가운데로 꺼내어 적극적으로 치료하자.

○ 직면하고 감당하기

죄와 상처를 직면하는 건 아프다. 나를 용서하고 누군가를 마음의 감옥에서 풀어주고 끝내 사랑하는 게 얼마나 어려운가. 하지만 사랑은 선택이 아닌 하나님의 명령이다.

예수님이 우리 대신 지신 십자가 고통에 비하면 내 아픔은 새 발의 피다(이 말에 상처받지 않길 바란다. 당신의 아픔이 별것 아니라고 말하는 게 아니다). 나는 지난 수십 년간 진료실에서 수많은 고통스러운 사연을 들었다. '어떻게 저런 일을 당했을까?', '사람이 어떻게 그런 짓을 할까' 싶은, 웬만한 막장 드라마도 시시하게 만드는 이야기를 수도 없이 들었다. 그러나 모두 예수님의 십자가 고통에는 비할 수 없다. 그 십자가 죽음을 묵상하며 죄와 상처를 직면하고 수치심을 버려야 사랑을 온전히 경험하며 자유할 수 있다.

○ 전인적으로 예수님 만나기

주님이 십자가에서 당신의 모든 죄를 해결해주셨다는 진리를 믿는가? 그렇다면 십자가를 통해 주님과 하나 되고 몸과 마음과 영혼이 전인적으로 주님을 만날 수 있다. 예수님을 처음 만났던 그 시간을 기억하는가? 세상이 다 아름답게 보이고 마음의 아픔과 상처가 치유되면서 내 영혼이 매일 주님을 갈망했던 때를 말이다.

예수님을 만난 사람은 환난과 시련 가운데 인내할 수 있다. 사랑의 성품은 '오래 참는 것'이며 자신을 낮추고 비우고 겸손하며 모든 걸 참고, 믿고, 바라고, 견디는 것이다(고전 13:7). 그러므로 환난과 시련 가운데 있다면 인내하길 바란다. 이 시련이 나를 연단하여 예수님의 성품을 형성하고 신앙의 성숙으로 이끌 것이다.

속이는 여우를
경계하라

크리스천 정신과 전문의 이성훈 님의 《멈출 수 없는 사랑, 아가서의 사랑 이야기》를 읽으며 사랑에 관한 중요한 성경적 통찰을 얻었다. 아가서를 보면 포도밭을 망치는 작은 여우가 등장한다. 이 여우는 우리의 무의식에 숨어있는 버림받음의 상처를 자꾸 끄집어내어 사랑의 포도원을 망쳐놓는다. 끊임없이 우리를 끌어내리는 부정적 생각을 하게 만든다.

'하나님이 계신다는 게 말이 돼? 그 하나님이 너를 사랑하신다고? 너와 함께하신다고? 너 같은 걸 누가 사랑해? 네 죄를 떠올려 봐. 그걸 세상이 알게 되면 어떨 것 같니? 넌 결코 사랑받을 수 없어. 하나님은 너같이 더러운 애를 사랑하시지 않아!'

많은 사람이 이 작은 여우 때문에 '실망과 분노 단계'에서 중도 포기한다. 버림받음의 두려움으로 사랑의 중도 포기자가 된다. 사랑을 갈망하지만 사랑하는 것이 불가능하게 여겨져 헛된 사랑이나 적당한 대용품으로 굶주림을 채운다.

그러나 더 큰 갈증을 느끼며 분노하다가 결국 사랑하기를 포기하거나 어설프게 흉내 내며 사랑인 줄 착각한다. 진정한 사랑이 아닌 타협적·조건적 사랑, '기브 앤 테이크'(give and take) 관계에 머물다가 대충 안전한 조건 안에서 결혼을 선택한다. 그리고 신앙도 적당한 타협점에 머물게 된다. 그러나 하나님께서는 그 문턱을 넘으라고 하신다.

> 바위틈 낭떠러지 은밀한 곳에 있는 나의 비둘기야
> 내가 네 얼굴을 보게 하라 네 소리를 듣게 하라
> 네 소리는 부드럽고 네 얼굴은 아름답구나 아 2:14

위 구절의 '바위틈 낭떠러지 은밀한 곳'은 어디일까? 정신과적 관점에서는 진정한 사랑을 갈구하는 우리의 속마음이 숨어있는 또는 상처와 죄로 얼룩져 숨어버린 무의식의 세계로 볼 수 있다. 너무도 창피하고 아무에게도 보여주고 싶지 않은 내면의 은밀한 골짜기이다.

그런데 하나님께서 바로 그곳에 찾아오신다. 그리고 '네 얼굴을 보여다오. 네 목소리를 들려다오. 너는 아름답고 네 목소리는 부드럽구나'라고 말씀하신다. 스스로 자신의 신분을 바닥에 떨어뜨리고 누더기를 걸치고 잔뜩 웅크린 우리를 찾아오신다. 죄 가운데 수치심과 자괴감에 빠져있는 우리를 사랑과 치유의 장으로 초대하신다.

속이는 작은 여우를 경계하자. 죄와 상처의 기억을 곱씹지 말자. 그런 상처가 반복될 때마다 십자가 보혈이 모든 걸 해결해주셨음을 또렷이 기억하고, 빛으로 나가 주님의 사랑으로 씻음을 받자. 내가 어떤 모습이건 그분은 잘 왔다고 하실 것이다.

무조건적이고 무한한 사랑

우리는 하나님의 형상대로 지음을 받았다. 그분의 형상은 바로 '사랑'이다. 그것이 우리 안에 씨앗으로 심겨있기에 우리는 사랑의 능력이 잠재된 존재다. 주님은 말씀하신다.

"내가 십자가에서 너의 죄악, 추함, 버림받음을 다 가져가고 나의 순수함, 아름다움, 사랑스러움을 주었으니 너는 충분히 사랑받을 자격이 있단다."

그분 앞에 반듯한 자녀가 될 것인가, 친밀한 자녀가 될 것인가? 친밀함이란 아무런 꾸밈이나 거짓이 없는 모습을 있는 그대로 수용하고 받아들이는 관계를 말한다. 주님은 우리와 이런 관계를 맺고 싶어 하신다. 내가 흠이 없을 때만 사랑하시지 않는다. 가장 못난 모습까지 사랑해주신다. 그러니 주님의 사랑을 매일 확인하고 그분께 상한 감정을 가지고 나아가자.

이 사랑을 깨달을 때 사랑 포기자였던 우리의 고질병이 치유된다. 어떤 관계에서든 서로의 진실한 모습, 그 아프고 못난 모습을 다 드러내고 이해하고 감싸줄 수 있다. 서로의 연약함과 아픔을 대신 감당하며 진정한 사랑의 단계로 나아갈 수 있다.

기독교 신앙은 내 정체성을 바로 아는 데서 출발한다. 우리는 하나님의 무조건적이고 무한한 사랑을 받는 자녀다. 내가 하나님을 사랑하는 것도 중요하지만, 하나님의 사랑을 받고 누리는 것도 중요하다. 그러면 하나님의 시선으로 나 자신을 사랑할 수 있다.

사랑이 풍요로울수록 자신의 가치를 깨닫고 자존감이 높아진다. 사랑이 궁핍할수록 자존감도 떨어지고 자신을 사랑하지 못한다. 그래서 학대받거나 트라우마를 입은 사람은 스스로 사랑하기 힘들며 그 상처가 다른 관계도 무너뜨린다.

하나님의 형상을 회복하자. 파괴된 그분의 형상을 회복하려면 예수님과 더 자주 만나고 사랑에 빠져 닮아가면 된다. 우리는 예수님을 통해 하나님의 사랑을 보고 듣고 만질 수 있다(요일 1:1). 우리 안에 심긴 그 소중한 씨앗을 꽃피워 그리스도의 향기를 퍼뜨리자. 다만 간절히 구하고 훈련하고 연단하는 자에게 사랑의 능력이 주어진다.

내 마음 💙 응급처치

사랑만이 인간의 근원적 분리불안과 외로움에서 벗어나는 길이며
신앙 성숙의 결과물이다.

1. 고린도전서 13장을 읽으며 사랑의 성품을 묵상해보자.
   나는 오래 참고 있는가? 나는 온유한가? 나는 친절한가?

2. 밑줄에 자기 이름을 써넣고, 다음 글을 소리 내어 읽어보자.

   나 _____ 은(는) 하나님의 형상대로 지음을 받았습니다. 그분의
   형상은 바로 '사랑'입니다. 하나님의 사랑이 내 안에 씨앗으로 심겨있
   기에 나는 사랑할 능력이 잠재된 존재입니다. 주님이 말씀하십니다.
   "내가 십자가에서 _____ 의 죄악, 추함, 버림받음을 다 가져가고
   나의 순수함, 아름다움, 사랑스러움을 주었으니 _____ 은(는)
   충분히 사랑받을 자격이 있단다."

3. 내게 상처를 준 사람, 불편하고 미운 사람을 떠올리며
   다음과 같은 기도를 해보자.

   "제게 하나님의 크신 사랑을 부어주세요.
   그리고 그 사랑을 나누게 해주세요.
   제게 고통을 준 _____ 을(를) 위해 기도합니다.
   _____ 을(를) 사랑할 능력을 부어주세요."

Q 남편과 연합이 되지 않아요

신앙생활은 각자 열심히 하는데, 평소 마음이나 자녀 양육관이 잘 연합되지 않습니다. 가정예배를 드리며 힘든 점을 말하면 "잘하고 있어", "뭐가 힘들다고 그래?"라며 시큰둥한 반응이고, 저 혼자 유별난 사람이 돼버려요. 제가 상처받아 말을 안 하면 자기만 나쁜 사람을 만든다며 힘들어하고요.

부부 사이에 가로막힌 게 있는 것 같아요. 저는 종종 속마음을 드러내는 편인데 남편은 잘 표현하지 않아요. 성경에서는 남편을 존경하라고 하는데 때로는 남편의 문제 해결 방식이 마음에 들지 않아 그가 가정의 울타리 역할을 못 하는 것 같고 밉기도 해요. 온전한 부부의 연합은 어떻게 해야 하나요?

A 나와 상대의 사고방식이 많이 달라요

남자는 주로 해결중심형 사고를 해요. 공감보다는 문제를 해결해줘야 한다고 생각하지요. 그래서 아내가 힘든 건 본인이 해결해주지 못해서라고 여겨요. 반면에 여자는 자신의 힘듦을 이야기했을 때 해결보다는 위로와 공감을 원하지요.

상담실에서도 이런 모습이 보입니다. 아내를 상담한 후에 남편에게 오라고 하면 대부분 꺼립니다. 남편은 자신이 아내를 이해하지 못해서가 아니라 문제를 해결해주지 못해 상담실에 가면 비난받을 거라고 생각하지요. 이렇듯 사고 체계가 다른 남자와 여자가 기대와 다른 상대의 반응에 상처받고 서로 회피하기만 하면 어떻게 될까요? 남자는 동굴로 들어가고 여자는 수동 공격형이 돼요. 수동 공격형이란 특별히 화를 내진 않지만 수동적으로 공격하는 것으로, 예를 들어 남편에게 밥을 안 준다거나 그를 투명 인간 취급한다거나 퇴근하고 와도 모른 척하는 거지요. 이런 상태가 지속되면 부부 관계는 대화 없이 상처와 앙금, 불신만 쌓입니다. 이를 해소하기 위해 다음 네 가지를 꼭 기억하세요.

1. 위로와 공감을 원한다고 솔직하게 말하기
2. 부부 사이 대화에도 예의 갖추기
3. 아내의 서운함, 공허감을 남편이 전부 채워주기 힘듦을 인정하기
4. 공허감은 하나님과 심리치료를 통해 채움 받기

아내가 느끼는 섭섭함, 서운함, 외로움, 공허감 등을 남편이 채워주면 가장 좋겠지만, 그가 완전히 채워주긴 힘들어요. 이걸 인정하지 않으면 더 상처받고 상대가 미워지고 내 안에 쓴 뿌리가 계속 자라나게 되지요. 이런 내면의 결핍을 하나님께 올려드리며 심리치료의 도움도 같이 받으면 좋습니다.

관계는 두 사람이 만드는 것이기에 내가 아무리 노력해도 상대의 몫이 남아있지요. 그러나 상대가 상담에 참여하지 않더라도 내가 먼저 시작할 수 있어요. 상황이 바뀌지 않는 것 같아도 성경 속 삭개오의

사례처럼 한 사람의 회개와 결단이 그 사람을 변화시키고, 가정 전체를 구원한다는 걸 기억하세요.

Q 배우자의 외도가 의심되는 상황이에요

제가 어떻게 받아들이고 대처해야 할까요? 사실 여부를 물어보면 최악의 상황(가족 불화)으로 이어질까 봐 고민이 됩니다.

A 하나님 안에서 문제를 바라보는 걸 놓치지 마세요

외도 상담은 진료실에서 드물지 않게 만납니다. 외도는 크게 두 가지 경우로 나뉘어요. 외도를 여가, 놀이처럼 여기는 경우와 본인의 결핍 때문에 누군가를 찾는 경우예요. 후자는 자신의 결핍이나 무의식적 소망을 새로운 이성에게 전이시키는 거지요.

배우자의 외도가 의심되는 상황이라면 정면 대결할지, 덮고 넘어갈지를 먼저 결정하세요. 정면 대결하기로 했다면 어떤 증거가 있는지 확인해보세요. 그 결정을 내가 감당할 수 있을지, 결과에 책임을 질 수 있을지 가늠해보세요. 외도가 이혼의 전제 조건이 되기는 하나 모든 가정이 이혼하지는 않습니다.

외도는 가족과 주변 사람에게 큰 상처를 남기기에 외도 이전의 상태로 완전히 돌아가기는 어렵습니다. 제가 늘 비유하기를 '풀로 붙여놓은 두 장의 종이를 다시 뜯어내는 것과 같다'고 설명합니다. 회복하기까지 오랜 시간과 무수한 노력이 필요하지요.

그런데 하나님은 우리의 생각을 뛰어넘을 만큼 크시기에 외도의 상처와 아픔을 딛고 일어서려는 가정에 놀라운 힘을 부어주세요. 비 오고난 후에 땅이 굳듯이 전보다 더 단단하게 결합하게 하시지요. 그러니 외도 여부에 따라 성급하게 이혼 여부를 단정하지 말고, 하나님의 시점에서 배우자와 자신의 문제를 바라보길 권해드려요.

또한 아무 증거 없이 남편을 의심하고 집착하는 건 아닌지 돌아볼 필요도 있습니다. 중년층은 갱년기가 오면서 의처증, 의부증이 종종 나타나니까요. 의심되는 상황에서 남편의 외도를 상상하거나 미루어 짐작하지 말고 현실적으로 증거를 수집하는 것도 권해드립니다. 적극적으로 증거를 직면시키고 배우자의 외도를 중단시켜야 합니다. 상대가 알아서 정리할 거라는 안일함보다는 용서 여부를 떠나 현재 진행형인 외도를 막는 것도 가정을 지키기 위해 꼭 필요하니까요.

어려운 상황일수록 하나님 안에서 문제를 바라보는 걸 놓치지 마세요. 사실을 확인하고 나서 어떤 결정을 내리든 잘못된 결정은 없습니다. 누구도 당신의 결정을 판단할 자격이 없어요. 결정에 대한 책임은 자신에게 있으니까요. 어떤 결정을 내리든 하나님께서 감당할 힘을 넉넉히 주실 줄 믿습니다.

> 사람이 감당할 시험밖에는
> 너희가 당한 것이 없나니
> 오직 하나님은 미쁘사
> 너희가 감당하지 못할 시험 당함을

허락하지 아니하시고

시험 당할 즈음에 또한 피할 길을 내사

너희로 능히 감당하게 하시느니라 **고전 10:13**

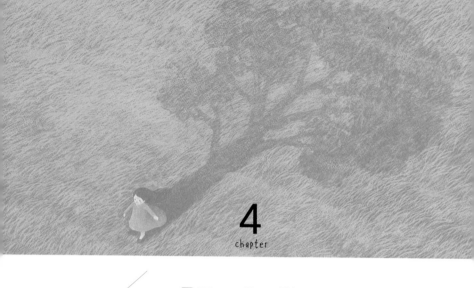

4
chapter

몸과 마음의 관계,
몸이 먼저다

육신의 연약함
인정하기

요즘 건강에 대한 염려가 크게 늘며 몸에 관심이 집중되고 있다. 한때는 명상이나 독서, 심리치료처럼 정신적 측면의 휴식이 대세를 이루었지만 최근에는 걷기, 댄스, 등산과 같이 신체적 측면의 힐링이 인기를 끈다. 그만큼 몸의 중요성이 떠오르고 있다.

나는 정신과 의사로서 종종 환자들에게 운동을 처방한다. 몸을 움직이고 걸으면서 우울증이 회복된 사례가 많기 때문이다. 인간은 스트레스를 받으면 몸이 즉각 반응한다. 혈압이 올라가고 심장이 빠르게 뛰며, 손에 땀이 나고, 입이 바짝바짝 마르고, 호흡이 가빠진다. 몸 전체에 퍼져있는 자율신경계 때문이다.

자율신경계는 운동과 복식 호흡을 통해 안정화되며 균형을 이룬

다. 검사를 해보면 몸을 돌보지 않은 사람에게서 자율신경계의 불균형이 여실히 드러난다. 위기 상황에 대처하는 교감신경과 아기가 엄마 품에 안겨있을 때처럼 긴장을 이완시키는 부교감신경이 불균형을 보이면 몸이 망가지는 증상이 나타난다. 최근 공황장애 환자가 증가하는 이유도 자율신경계를 충분히 이완시키지 못해서다.

몸과 마음 건강의 밀접한 상관관계는 이미 밝히 알려져 있다. 그렇다면 성경에서는 우리의 영, 혼, 육에 대해 뭐라고 말씀하는지 살펴보자.

하나님의 말씀은 살아있고 활력이 있어
좌우에 날선 어떤 검보다도 예리하여
혼과 영과 및 관절과 골수를 찔러 쪼개기까지 하며
또 마음의 생각과 뜻을 판단하나니 히 4:12

"혼과 영과 및 관절과 골수를 찔러 쪼개기까지"라는 대목에서 하나님의 말씀이 우리의 정신과 영혼과 육체에 골고루 영향을 미친다는 걸 알 수 있다.

평강의 하나님이 친히 너희를 온전히 거룩하게 하시고
또 너희의 온 영과 혼과 몸이
우리 주 예수 그리스도께서 강림하실 때에
흠 없게 보전되기를 원하노라 살전 5:23

예수님이 재림하실 때 우리의 "온 영과 혼과 몸"이 흠 없게 보전되기를 원한다고 하셨다. 영만 하나님을 만나는 게 아니라 정신과 영혼과 몸이 모두 흠 없이 보존되어 성화를 이루어야 한다는 것이다. 성경 어디에도 영, 혼, 육을 따로 떼어서 말씀하지 않는다.

> 너희 몸은 너희가 하나님께로부터 받은 바
> 너희 가운데 계신 성령의 전인 줄을 알지 못하느냐
> 너희는 너희 자신의 것이 아니라 값으로 산 것이 되었으니
> 그런즉 너희 몸으로 하나님께 영광을 돌리라 고전 6:19,20

사도바울은 몸에 대해 다음과 같이 말한다. 첫째, 몸은 성령의 전이다. 둘째, 내 몸은 내 것이 아니라 하나님의 것이다. 셋째, 몸으로 영광을 돌려라. 그러므로 우리는 하나님의 성전인 몸을 거룩하고 존귀하게 여기고, 육체의 정욕을 절제하고 탐욕과 나태를 경계하며 청지기로서 잘 돌봐야 한다.

건강한 몸에
건강한 영성이 깃든다

미국 풀러신학대학원에서 공부할 때 '셀프 케어'(Self Care)라는 과목이 많은 걸 보고 놀랐던 기억이 있다. 목

회자나 선교사뿐 아니라 의료진, 상담가, 주부 등 남을 돕는 사람에게 자기 돌봄이 더욱 필요하다는 취지였다.

그러나 이런 사람일수록 남을 섬겨야 한다는 책임감에 '내 몸 돌보기'를 소홀히 하는 경향이 있다. 한국 선교사들은 대부분 선교지에 뼈를 묻겠다는 각오와 열심으로 무장되어 건강을 등한시한다고 한다. 하지만 남을 더 효과적으로 도우려면 건강한 몸과 정서, 영적인 지지가 뒷받침되어야 한다.

몸 관리를 잘하려면 건강한 음식 섭취, 건강 검진과 함께 적절한 운동과 올바른 수면 습관을 들여야 한다. 또한 정서적 건강은 가족, 직장, 친구, 신앙 공동체 안에서 얻을 수 있다. 혼자 사는 사람이라면 취미, 소그룹과 같은 지지 그룹을 확보하는 것도 좋다.

왜 몸을
함부로 대할까

앞서 1부의 4장 '왜 후회하면서 계속 먹을까?'에서 말했듯이 음식의 선택과 섭취는 영적 훈련의 하나이다. 그러나 우리는 해야겠다고 생각하는 일은 하지 않고, 도리어 하지 말아야 할 일을 해버리는 내면의 갈등에 끊임없이 직면한다.

내가 행하는 것을 내가 알지 못하노니

곧 내가 원하는 것은 행하지 아니하고

도리어 미워하는 것을 행함이라 롬 7:15

"도리어 미워하는 것을 행함이라"라는 구절처럼 내 몸을 가장 학대하는 사람은 다름 아닌 자신이다. 몸을 아껴야 한다는 걸 알면서 관리하지 않고, 먹지 말아야 한다는 걸 알면서 계속 섭취하며, 체중을 줄이기 위한 식사법을 알아도 행동에 옮기지 못해 자책하며 괴로워한다.

"제가 왜 또 먹었는지 모르겠어요. 잔뜩 먹고 배부른데도 계속 먹게 돼요. 이러니 살이 찌고 몸이 힘들 수밖에요."

나는 그들에게 "당신에게 유리한 선택을 하세요"라고 말해준다. 이 또한 머리로는 알지만 행동으로 옮기기가 참 어렵다. 왜 우리는 원하지 않는 걸 자꾸 하게 될까? 과연 내가 유리한 선택을 하지 못하게 막는 건 무엇일까?

그 밑바닥을 살펴보면 내 몸을 사랑하지 않는 낮은 자존감이 짙게 깔려있다. 이를 더 파고들면 '상처'와 '버림받음'과 '나는 좋은 것에 합당하지 않은 사람이야…'라는 비합리인 생각에 온통 사로잡혀 있다. 이럴 땐 말씀을 통해 잘못된 생각을 바로잡아야 한다.

'나는 하나님의 자녀야. 내 몸은 하나님이 주신 성전이야.'

사람은 하나님과의 친밀함을 갈망하는 영적 존재로 지음을 받았다. 그런데 우리의 영혼이 몸 안에 있으므로, 참된 영성은 하나님이 주신 몸에 대해서도 청지기 역할을 다하는 것이다. 하나님이 기뻐하시는 경건의 습관을 기르려면 영적 훈련의 일환으로 몸도 잘 돌봐야 한다.

심한 폭식으로 체중이 10킬로그램이나 늘어버린 한 자매가 있었다. 그녀는 회사에서 인정받지 못하는 것 같아 더 열심히 일했고, 퇴근 후 지친 몸을 달래기 위해 닥치는 대로 먹었다고 했다. 다이어트가 평생 그녀의 발목을 잡았다. 다른 여자들은 다 자기보다 날씬해 보였다. 뚱뚱한 몸 때문에 사람을 만나는 일도 점점 꺼려졌다. 아무리 말씀과 기도로 마음을 다잡아도 또다시 폭식하고 살이 찌는 악순환이 반복됐다.

이 잘못된 생활 습관은 자기 몸에 대한 수치심과 자괴감, 하나님을 향한 원망으로 이어졌다. 그녀가 병원을 찾았을 때는 신앙생활도 시들고 선교에 대한 사명도 희미해진 상태였다. 하지만 상담을 받으며 식습관을 개선했고 운동으로 체중도 감량해나갔다. 그러자 영이 살아나는 게 보였다.

그녀를 통해 육체와 정신, 영혼의 상호 연관성을 똑똑히 목격했다. 육체가 혹사당하면 하나님의 임재에 둔감해지지만, 반대로 몸을 잘 돌보면 하나님이 예비하신 은혜를 받을 준비가 된다.

체중 조절에 성공한 사람은 달라진 외모로 인해 우울증을 극복하고 자신감과 성취감, 기쁨이 넘친다. 그러나 그중 50-90%는 2년 안에 원래 체중으로 돌아간다는 의학 통계가 있다(비율은 연구에 따라 다르게 나타나기도 한다).

요요 현상을 겪는 이들에게는 한 가지 공통점이 있었는데, 이들에게 식욕의 의미는 '위로'와 '관계'가 필요하다는 신호였다.

이는 일반 식욕과 구별되는 가짜 식욕이며 심리적 허기다. 군것질, 과자, 빵 등 특정 음식을 줄이지 못하는 사람에게도 다른 중독과 비슷한 기전으로 보이는 '음식중독'이 나타난다. 그 밑바닥에도 역시 음식으로 채울 수 없는 공허함이 있다.

그런 우리를 위해 예수님은 자신을 음식에 비유하셨다. 요한복음 6장에서 "나는 생명의 떡"(I am the bread of life), "내 살은 참된 양식"(my flesh is real food)"이라고 말이다.

> 예수께서 이르시되 나는 생명의 떡이니
> 내게 오는 자는 결코 주리지 아니할 터이요
> 나를 믿는 자는 영원히 목마르지 아니하리라 요 6:35
>
> 내 살은 참된 양식이요 내 피는 참된 음료로다
> 내 살을 먹고 내 피를 마시는 자는
> 내 안에 거하고 나도 그의 안에 거하나니
> 살아계신 아버지께서 나를 보내시매
> 내가 아버지로 말미암아 사는 것같이
> 나를 먹는 그 사람도 나로 말미암아 살리라 요 6:55-57

그분은 인간에게 상처로 얼룩진 만성 공허감, 어떤 음식으로도 채울 수 없는 끝없는 갈망이 있음을 아셨다. 그래서 이렇게 말씀하셨다.

"오직 나로 채움을 받아라. 다른 중독에 의존하지 말고, 내게 위로를 받으렴."

하나님의 사랑과 위로는 대체 불가다. 우리가 생명의 떡이신 예수님으로 채워질 때 그분이 내 몸의 일부가 되신다. 내 안에 예수님이 거하시고 나는 그분을 닮아가게 된다. 그것이 진짜 사랑을 깨닫는 과정이다. 완벽한 사랑은 오직 하나님의 능력, 성령의 힘으로만 가능하다. 우리는 예수님을 만나기 전까지 사랑받음을 제대로 경험하지 못한다. 육신의 부모가 완벽하지 않기 때문이다. 그러나 예수님 안에서 부모와 못 누렸던 깊은 애착 관계를 경험하면 사랑이라고 생각했던 모든 게 사랑이 아니었음을 고백하게 된다.

당신은 생명의 양식을 얼마나 섭취하고 있는가? 완전한 사랑이신 그분으로 날마다 채워지고 있는가?

마리아는
좋은 편을 택하였으니

사랑하는 사람과 친밀한 시간을 보내는 것만큼 중요한 건 없다. 그런데 많은 현대인이 너무 바빠서 예수님 말씀을 들을 시간이 없다고 한다. 염려하고 근심하느라 생명의 양식이 눈에 안 들어온다. 불안해서, 도태될까 봐, 인정받지 못할까 봐 속도를 늦추지 못한다.

분주한 마음은 자율신경계를 자극하여 신경과 근육을 극도로 긴장시키고 호흡을 가쁘게 한다. 또한 모든 신체 감각을 각성시키는 과각성(hyperarousal)에 이르게 하고 불안, 불면, 공황장애 등을 일으킨다.

성경 속 대표적인 일 중독자로 마르다를 들 수 있다. "마르다는 준비하는 일이 많아 마음이 분주"했다(눅 10:40). 그녀는 이렇게 생각했을 것이다.

'누구는 예수님 말씀을 듣고 싶지 않아서 이러고 있나? 내가 안 하면 누가 밥을 하고, 집을 치우고, 손님을 안내하고, 또….'

그러다 참다못해 말한다.

"예수님, 마리아도 일하라고 하세요."

예수님이 뭐라고 답변하셨는가?

"마리아는 이 좋은 편을 택하였으니 빼앗기지 아니하리라"(눅 10:42).

마리아가 스스로 좋은 몫을 택했다고 말씀하신다. 물론 마르다를 향한 위로도 잊지 않으신다.

"마르다야, 네가 많은 일로 염려하고 근심하나 몇 가지만 하든지 혹은 한 가지만이라도 족하니라"(눅 10:41,42).

당신은 무얼 선택할 것인가? 중요한 걸 놓치면서 분주한 마르다처럼 살지, 마리아처럼 모든 걸 내려놓고 예수님 발아래 앉을지. 접대를 잘하고 싶은 마음도 귀하지만 필요 이상으로 일을 벌이며 남들에게 칭찬받으려 하진 않는가. 음식 준비도 중요하지만 더 중요한 우선순위가 바뀌면 안 된다.

하나님과 교제하는 시간이 그 어떤 일보다 중요하다. 내 힘으로 모든 걸 해내려고 자신을 혹사하면서까지 내려놓지 못하는 이유는 바로 '인정욕구' 때문이다. 그런 사람은 늘 피곤할 수밖에 없다. 열심히 일하는 사람은 대부분 피곤하다는 말을 입에 달고 산다. 일하느라, 교회에 가느라, 사역이 많아서 피곤하다고 입술에 불평이 가득하고 미간은 잔뜩 구겨져 있다. 이런 말을 습관처럼 하고 산다면 삶의 속도를 늦추라는 신호로 받아들여야 한다.

또 이런 사람은 하나님과 마주할 여유조차 확보하지 않으면서 늘 기도 응답이 없다고만 한다. 난 그에게 말한다.

"당신이 선택한 결과예요. 상처받고 불평하면서 남을 탓하지 마세요."

게리 토마스는 《내 몸 사용안내서》에서 "몸과 영혼을 함께 돌보려면 방해물 두 가지를 제거하라. 바로 탐욕과 나태다"라고 했다. 인정욕구(탐욕)와 게으름(나태)을 제거하라는 뜻이다. 나태한 사람은 '내가 아니어도 누군가는 하겠지'라는 생각을 경계하고, 평소 욕심을 부려 120% 일하는 사람은 80%만 해보길 권한다.

이렇게 말하면 내담자들은 "어떻게 그래요? 원장님은 그렇게 하세요?"라고 되묻는다. 요점은 내가 할 수 없는 부분을 인정하는 데 있다. 수치상 딱 80%만 하라는 게 아니라 더 하고 싶어도, 아니면 하기 싫어도 어느 선에서 타협하는 자세가 필요하다는 것이다.

모든 문제의 공통점은 양극단에 있다. 중독의 문제, '모두 내

탓'을 하거나 '모두 남 탓'을 하는 경우, 너무 감정적이거나 너무 이성적(지식적)인 경우 등 매사에 모 아니면 도로 극을 달린다면 자신을 돌아봐야 한다. 문제의 원인은 생각보다 간단하고 치유도 참 쉽다. 궁극적인 치유자이신 하나님의 참사랑을 깨달을 때 누구나 변할 수 있다.

크리스천의 마음챙김

자기 몸에 관심을 두지 않는 크리스천이 생각보다 많다. 많은 경우, 신앙의 기준이 높은 사람일수록 몸보다 영적인 것만 중시한다. 오랜 금식기도 후에 보식하지 않고 몸의 회복을 소홀히 하는 경우도 흔하다. 그리고 헌신적인 선교사나 사역자가 몸과 마음이 지쳐서 결국 사역의 열매를 맺지 못하는 경우도 드물지 않다.

내 몸을 진정으로 아끼고 위로해줄 수 있는 사람은 나다. 나를 안아주자. 가슴이 답답하면 손을 얹고 듣고 싶은 말을 내게 해주자. "사랑해", "잘했어", "네가 잘못한 거 없어", "많이 힘들었구나", "미안해, 내가 그동안 몰라줬구나", "함께해줘서 고마워", "괜찮아", "네 곁에 함께 있을게", "오늘도 정말 수고 많았어" 등 누군가에게 듣고 싶은 따뜻한 말을 스스로에게 해주며 너그러워질 필요가 있다.

정신과에는 인지행동치료가 있다. '지금 바로 여기'(here and now)를 강조하며 다양한 방법을 통해 인지의 변화를 촉진하는 목표지향적이고 해결중심적 치료다. 요즘은 이 치료의 상위 버전인 '마음챙김'이 주목을 받는다. 현재를 있는 그대로 수용하며 자각하는 것으로 충분히 현재에 머물면서 몸의 감각을 느끼고 위로하며 격려하는 치료법이다.

나는 이 시간을 주로 욕조에서 보낸다. 일명 '마음챙김 목욕'을 하는 이유는 두 가지다. 첫째는 아무에게도 방해받지 않고 오롯이 내게 집중할 수 있는 시간이기 때문이고, 둘째는 밖에서의 일을 털어내고 나를 위로하기 위함이다. 진료실에서 온종일 힘든 얘기를 듣기에 미세먼지 털어내듯이 목욕을 하면서 몸과 마음을 돌본다. 당신도 하루에 한 번씩 자신을 격려하고 위로하는 시간을 꼭 갖길 바란다.

'나는 왜 이렇게 피곤하고 몸이 힘들까? 무엇 때문에 스트레스를 받는 걸까'라고 생각한다면 창세기 2장 3절 말씀에 주목해보자.

하나님이 그 일곱째 날을 복되게 하사 거룩하게 하셨으니
이는 하나님이 그 창조하시며 만드시던 모든 일을 마치시고
그날에 안식하셨음이니라 **창 2:3**

안식일의 핵심은 리듬이다. 정신건강에서도 식사 습관, 수면 습관 등 일상의 리듬이 중요하다. 영적 루틴에는 반드시 육체 활동이나 노동, 운동, 식사를 포함시켜야 한다. 산책을 하면서 기도하

거나 설거지나 빨래를 하면서 찬양을 듣는 것도 다 영적 루틴이다. 휴식하고, 호흡하고, 잠을 자는 시간에도 리듬이 필요하다.

나는 묵상 노트에 "일하려고 쉬는 게 아니라 쉬려고 일하는 것이다"라고 적어놓았다. 사실 일곱째 날에 안식하기 위해 나머지 날에 일하는 건데, 우리는 정반대로 살며 쉼을 잘 챙기지 못한다.

토요일에도 출근해야 했던 환자가 있었다. 내가 "일 좀 그만하고 쉬세요"라고 말하자 그는 "원장님이 몰라서 그래요. 지금 이 일 안 하면 회사에서 잘려요"라고 답했다. 나는 그에게 하나님의 명령인 쉼을 어기고 하나님의 성전인 몸을 돌보지 못할 회사라면 당장 그만두라고 말해주고 싶었다.

물론 현실적으로 그러지 못한다는 걸 안다. 그러나 그 생활을 유지하다가 결국 몸이 아프거나 다른 스트레스로 인해 어쩔 수 없이 그만두는 이들을 종종 보았다. 공황장애나 우울증을 앓는 이들도 있는데, 나는 그들에게 '당신의 육체가 약해져서 그런 것이니 의지가 약하다고 자신을 타박하지 말고 오히려 보듬어야 할 때'라고 말해준다.

인간의 몸을 설계하신 분이 일주일 중 하루는 쉬도록 루틴을 만드셨다. 그날만큼은 먹고 싶을 때 먹고, 쉬고 싶을 때 쉬고, 자고 싶을 때 자자. 몸의 소리에 귀 기울이며 회복하고 균형을 되찾도록 여유를 주자. 하나님의 명령인 쉼을 지키고 내 몸을 지키는 게 청지기의 사명이다. 몸과 마음을 돌볼 때 마음의 상처도 덜 받고 외부의 공격도 잘 튕겨낼 수 있다.

내 마음 ♥ 응급처치

ACTION PLAN

내 몸을 돌보기 위해 매일 반복되는 루틴을 만들어가자.

1. **영성 루틴** : 말씀을 보고 기도하는가?
   이번 주 묵상한 말씀과 기도제목을 적어보기
   - 묵상한 말씀 : _____
   - 하나님이 주신 마음 : _____
   - 기도제목 : _____

2. **수면 루틴** : 몇 시에 자고 몇 시에 일어나는가?
   - 이번 주 취침 시간과 기상 시간 적어보기 : _____
   - 개선할 점 : _____

3. **식사 루틴** : 몸에 좋은 음식을 섭취하고 있는가?
   - 이번 주 먹은 음식 적어보기 : _____
   - 개선할 점 : _____

4. **운동 루틴** : 이번 주 어떤 운동을 했는가?
   - 이번 주에 한 운동 적어보기 : _____
   - 오늘 당장 실천할 수 있는 운동을 생각하고 행동으로 옮겨보자.

Q 몸이 아픈 개척교회 목회자입니다

교회 개척으로 몇 년 동안 신경을 많이 썼어요. 어느 정도 안정이 되자 몸이 여기저기 아프기 시작했습니다. 그런데 병원에 가도 별다른 문제가 없다고 해요. 제가 여전히 아프고 힘들어하자 처음엔 걱정하던 주변 사람들도 꾀병이 아니냐는 반응을 보여서 아프다고 말도 못하겠어요. 목회자로서 이 정도 힘든 건 하나님께 의지하며 감당해야 한다는 생각에 마음이 더 어렵습니다.

A 많은 목회자가 자신을 돌보지 못해요

하나님의 일이기에 몸이 부서지도록 전력투구하지요. 심지어 사모님까지 밤낮없이 일하기도 해요. 그러나 목회자가 건강해야 성도도 건강할 수 있습니다. 비행 중 기내에 위급 상황이 발생하면 자녀보다 부모가 먼저 산소마스크를 착용해야 하듯이요. 하나님의 성전인 몸을 소홀히 하면 목회를 제대로 하기 힘들 뿐 아니라 말씀이 내 안에 변화를 일으키기 위한 체력, 정신력, 영성도 고갈됩니다. 다음 세 가지 처방을 드릴게요.

1. 내 연약함을 인정하세요

숨쉬기 어렵고, 심장이 조여오는 느낌이 들고, 어지럽고, 소화가 안 되고, 위산이 역류하거나 잦은 설사와 소변 등의 신체 증상은 심리적 불안, 곧 스트레스가 원인으로 몸과 마음을 연결하는 자율신경계의 불균형에서 비롯되지요. 이는 통증을 담당하는 감각기관, 면역 기능에 문제를 일으켜 몸의 균형을 깨뜨립니다.

몸과 마음은 긴밀하게 연결되어 있어요. 몸이 힘들고 지치면 마음이 부정적으로 바뀌기 쉽고 우울감도 찾아옵니다. 반대로 마음이 힘들면 몸으로 증상이 나타나지요. 그렇다면 신앙은 어떨까요? 건강한 육체에 건강한 정신과 영성이 깃들어요. 아무리 신앙이 좋아도 몸이 아프고 기분이 우울하면 말씀의 씨앗이 제대로 뿌리내리지 못합니다. 쉽게 상처받고 예민해지며 다른 사람을 못 믿고 화를 잘 내거나 흥분하게 됩니다. 급기야 교회에 불만이 생기고 관계가 틀어져서 떠나기도 하지요. 인간의 육체는 연약하기에 목회자라고 예외일 수 없음을 인지하길 바랍니다.

2. 몸의 아우성에 귀 기울이세요

여기저기 아픈데 검사 결과도 정상이라면 내 몸에 적신호가 울린 거예요. 이는 '크라이 포 헬프'(Cry for help), 몸이 도와달라고 아우성치는 것입니다. 정신적으로 아무리 참고 견뎌도 몸은 기억해요. 분주함을 내려놓고 쉼을 통해 몸을 돌보세요. 신앙으로만 이겨내겠다는 고집은 내려놓길 바랍니다.

3. 몸을 영보다 소홀하게 대하지 마세요

식단과 운동, 수면 등 기본적인 생활 습관이 정신건강과 영성의 기본입니다. 많은 크리스천이 몸을 영보다 하위 개념으로 보며 소홀히 하는 경향이 있어요. 그러나 성경은 하나님께 영광을 돌리려면 몸과 정신, 영혼이 모두 균형을 이뤄야 한다고 말씀하지요.

만일 쉬면서 정죄감을 느낀다면, 쉼으로써 성도를 더 효과적으로 섬길 수 있음을 기억하세요. 바쁘고 피곤해서 운동하기 싫다면 운동 시간도 업무의 연장으로 생각해보세요. 일주일 중 하루만이라도 시간을 정해서 흥미가 생기는 활동을 해보세요. 뇌에 새로운 자극을 주면 번아웃과 만성 피로에서 벗어날 수 있답니다.

ⓠ 남편과 쉼에 대한 생각이 달라요

저는 책임감이 강해서 열심히 일하느라 제 몸을 잘 못 돌보는 편입니다. 몸의 사소한 반응을 대수롭지 않게 지나치다가 한 번씩 큰 탈이 나곤 해요. 반대로 남편은 작은 신체 증상에도 예민해서 조금만 무리해도 바로 휴식을 취하고 병원에 가요. 주말에 교회 봉사가 많았거나 아이와 열심히 놀아주었으면 주중에 하루 휴가를 내서 쉴 정도예요. 몸을 혹사하는 저도 옳은 건 아니지만, 남편도 좀 유난한 것 아닌가요?

ⓐ 둘 다 정상이에요

사람마다 신체 감각을 느끼는 정도나 통각에 대한 역치가 다릅니다. 부부도 마찬가지예요. 남편이 자주 아프거나 피곤하다고 말하면 '꾀병 아닌가' 싶지만 그는 실제로 아픔을 느끼는 거예요. 그러니 서로를 보완하는 관계가 되어주세요. 아내는 건강에 예민한 남편이 좀 덜 신경 쓰도록 돕고, 남편은 건강에 소홀한 아내가 더 건강을 챙기도록 돕는 거지요.

매튜 존스톤, 마이클 플레이어는 《굿바이 스트레스》에서 '예방이 가장 좋은 치료'라고 말합니다. 특히 몸을 혹사한다면 '내가 무엇 때문에 이렇게 일하는가'를 생각해보세요. 아마 인정욕구가 주된 요인일 거예요. 다른 사람에게 인정받으려는 마음과 '나 아니면 안 된다'는 생각을 내려놓으세요. 또 장기적으로 일을 위해서라도 휴식을 취하고 몸을 돌보는 건 필수예요.

최근 코로나19의 영향으로 알 수 없는 불안감이 증가하면서 많은 사람이 건강염려증을 호소합니다. 이는 불안하거나 우울할 때 자신이 질병에 걸렸다고 생각하고 증세를 찾아보고 자신과 연관 지어 생각하는 병적 증상이에요. 고민과 염려도 '적당히'를 벗어난다면 과감히 끊어내야 합니다.

또 몸이 아픈 건 마음이 아파서일 수 있습니다. 몸과 마음은 그만큼 불가피하게 연결되어 있어요. 불필요한 검사나 근거 없는 치료에 강박적으로 매달리지 말고 평소에 스트레스 관리를 하세요.

성경에는 "땅도 쉬라"라는 말씀이 있습니다. 땅도 농작물을 계속 생산하지 말고 쉼을 통해 회복하라는 거예요. 자연에도 쉼을 허락하신 하나님의 마음이 느껴지지요?

잠시 눈을 감고 몸 상태를 느껴보세요. 불편하고 아픈 곳이 없는지 살펴보세요. 지난주 충분한 휴식을 취했는지도 떠올려 보세요. 그러지 못했다면 내 몸 돌보기를 우선순위에 두지 못한 이유를 생각해보세요. 그리고 이번 주는 아무것도 안 하고 쉬는 날을 미리 정해서 휴식 시간을 확보해놓으세요. 하나님의 성전인 몸과 마음을 소중하게 돌보는 청지기로서 그분께 영광 돌리는 모두가 되기를 소망합니다.

5
chapter

팬데믹과
정신건강

코로나19
언제 끝나나요?

"선생님, 코로나 언제 끝나나요? 정말 힘들어 죽겠어요."

요즘 진료실에서 많이 듣는 말이다. 환자들은 특히 그동안 했던 일에 제한을 받는 것과 '알 수 없는 미래'에 대한 불안감이 컸다.

이런 상황에서 분노가 쌓이면 그 에너지가 나 또는 남에게로 향한다. 내 안으로 향하면 무기력해지고 미래에 대한 희망이 사라지며 여러 신체 증상도 나타난다. 반면 특정 대상에게 투사하면 편 가르기, 극단적 혐오, 극대화된 공포, 정부에 대한 불신 등의 반응이 나타난다.

코로나19가 언제 끝날지 알 수 없지만 다행히 지금껏 인류가 극복하지 못한 전염병은 없었다. 그렇다면 미성숙한 방어기제를 발동시키기보다는 그 끝을 기다리며 마음을 다스리는 편이 낫다.

지금 코로나19는 나만이 아니라 인류의 과제가 되었다. 하지만 이것이 모두에게 공평하게 노출되어 있을까? 꼭 그렇지만은 않다. 최근 백종우 교수팀(경희대병원 정신건강의학과)의 '코로나19 공중보건 위기에 따른 정신건강 및 사회심리영향 평가'에 따르면 이전보다 우울, 불안, 불면, 자살 경향 등 지표가 크게 악화되었는데 특히 젊은 층과 여성, 저소득층이 고통을 더 호소하고 있다고 강조했다.

정신건강뿐 아니라 비만과 만성질환도 마찬가지다. 질병관리청이 발표한 '2020년 국민건강영양조사'에 따르면 비만 유병률은 전년 대비 큰 폭으로 늘었고, 삼사십 대 남성의 절반 이상이 비만으로(58.2%, 50.7%) 역대 최고치를 기록했다. 코로나19 뉴스를 보면서 불안을 키울 시간에 동네 한 바퀴를 도는 게 더 시급하다.

코로나19가 장기화하면서 개인 신체 건강과 위생도 중요하지만 정서적·영적 건강을 돌보는 것 또한 매우 중요하다. 많은 사람이 일상을 잃었으며 그로 인한 스트레스 해소도 제대로 못 하고 있다. 우울과 불안을 느끼는 '코로나 블루', 분노로 치닫는 '코로나 레드'를 넘어 절망, 암담함까지 느끼는 '코로나 블랙'이 화두로 떠오르고 있다.

코로나19 전후 국민 정신건강은 얼마나 나빠졌을까? 2021년 1분기 '코로나19 국민 정신건강 실태조사'에 따르면 우울 위험군은 22.8%로 2018년 3.8%에 비해 약 6배 증가했다. 자살을 생각해봤다는 비율도 2021년 3월 16.3%로 2018년 4.7%에 비해 3배 이상 높아졌다. '2021년 자살예방백서'에 따르면 2020년 자살사망자(잠정치)는 13,018명으로 2018년 13,670명, 2019년 13,799명보다 줄어 우려한 만큼 늘어나진 않았다.

2020년 서울대 행복연구센터에서 십 대 이상 150만 명을 대상으로 행복도를 조사한 결과, 여성과 청년 그리고 경제적 상위층의 행복 감소 폭이 더 컸다. 사실 코로나19 스트레스에 가장 취약한 계층은 소아, 청소년이다. 활동이 많을 시기에 아이들이 학교나 학원에 못 가고 친구도 못 만나고 집에만 갇혀있으니 스트레스를 많이 받는다. 더불어 그런 아이를 돌보는 엄마도 힘들 것이다.

지난 2년간 건강보험 청구자료 분석을 보면 삼십 대 여성의 우울증 발병 빈도가 가장 높다. 어린 자녀를 둔 주부들의 어려움이 큰 것이다. 자녀의 등교 중단과 외출 자제로 보육 부담이 여성에게 집중되었고, 경기 침체로 여성 취업률 또한 낮아지면서 일자리를 잃거나 실직에 대한 불안을 더 많이 느꼈을 수 있다.

반면 오륙십 대는 사회적 거리두기에 따른 삶의 변화가 평소 생활 습관과 크게 다르지 않아 다른 연령대보다 심리적 타격을 덜 받은 것으로 보인다. 노년층 또한 젊은 세대보다 상대적으로 감정을 잘 다스리고 위기에 대처하는 능력이 유연하여 행복도에 큰 타격을 입지 않았다고 한다.

코로나 시대의
더불어 살기

그렇다면 코로나19 종식 이후는 어떨까? 1918년 초여름에 발생하여 2년간 전 세계 5천만 명의 목숨을 앗아간 인플루엔자 팬데믹 '스페인 독감'의 사례를 미루어 보면 이후에도 정신건강에 악영향을 미칠 것으로 보인다.

1960-1980년 미국 인구 조사에서 독감 대유행기의 태아 코호트(cohort, 집단)를 살펴보면, 다른 출생 코호트에 비해 학력이 저하되고 신체장애 비율이 더 높았으며 소득과 사회경제적 지위가 더 낮았다. 독감 대유행의 영향이 당대에 끝나지 않고 다음세대에도 영향을 미친 것이다.

실제로 코로나19 장기화로 중증 정신질환자와 발달장애인이 정신건강 서비스의 접근성 문제를 겪는 것으로 알려졌다. 특히 어린이와 청소년의 삶의 질이 저하되고 청결에 대한 과도한 집착과 감염 또는 상실에 지나친 공포를 경험했으며 주요 우울장애, 공황장애, 강박장애 등 정신질환의 폐해를 겪은 것으로 드러났다.

전문가들은 코로나19가 아이들의 발달 과정에 큰 영향을 미칠 거라는 소견을 밝혔다. 한창 상대의 표정과 입 모양을 통해 사회성과 언어능력을 키워야 할 영유아기에 사회적 거리두기와 마스크 착용 등으로 표정 변화 읽기 및 언어나 소통 기술 발달이 제대로 이뤄지지 못할 수 있다고 우려한다.

코로나19로 가정에서 폭력을 목격하거나 체벌을 당한 아이들이 스스로 경찰에 신고하거나 상담을 요청하기도 한다. 개학이 미뤄진 한 초등학생은 '생명의 전화'에 전화를 걸어 집에 있는 시간이 길어지면서 부모가 싸우는 모습을 자주 목격해서 불안하다고 말했다.

과거에는 부모가 자녀를 병원에 데려왔지만 요즘은 오히려 자녀들이 "우리 집은 치료가 필요해요"라며 부모를 병원에 데려오기도 한다(정신과 진료는 개인에게 국한된 게 아니라 가족 전체의 변화가 필요한 경우가 많다. 특히 소아 청소년의 문제는 가족 전체를 만나본다).

진료실을 찾는 많은 이들이 무기력증, 생활 리듬의 균열로 인한 수면장애, 폭식, 비만, 건강염려증, 강박(손 씻기, 소독), 분노조절장애(코로나 레드), 관계의 어려움(가족, 회사), 경제적 어려움(취업난, 폐업), 비대면 예배로 인한 신앙의 침체 등을 호소한다.

겉으로는 우울감을 호소하지 않아도 전반적인 뇌 신경전달물질의 불균형이나 면역 기능의 저하, 자율신경계 이상, 장내 미생물의 변화 등이 관찰된다.

세계보건기구(WHO)는 세계 인구의 약 10%가 평생 한 번은 임상적 우울증 진단을 받으며, 우울증이 암이나 심장병보다 더 심각한 질병이 될 거라고 예측했다. 과거에는 우울증이 주로 중년기 후반에 나타났는데 지금은 어린 연령층의 발병률도 증가하고 있다. 이런 경우에 성인이 되어 재발할 가능성이 아주 크다.

이전으로
돌아갈 수 있을까

"코로나19 이전으로 돌아갈 수 있을까요" 라는 질문을 참 많이 받는다. 그런데 왜 꼭 돌아가야만 하는지를 먼저 생각해보자. 사람은 가진 것을 놓기 싫거나 유지하고 싶어서 익숙한 걸 원하지만 위기가 닥치면 기존 것들이 다 흔들린다. 그래서 정신의학에서는 위기 상황을 새로운 가치 체계를 형성할 좋은 계기이자 기회로 본다.

돈을 좋아하는 사람은 바닥까지 떨어져 봐야 돈 외에 정말 소중한 게 무엇인지 깨닫고, 몸을 혹사하는 사람은 건강을 잃어봐야 소중함을 안다. 가정을 돌보지 않는 사람은 배우자가 떠나고 자녀가 엇나가야 정신을 차린다. 자녀 성적에 집착하는 부모는 아이가 육체적, 정신적으로 문제가 생기면 그제야 "건강만 해다오" 하며 자녀에게 용서를 구한다. 마찬가지로 팬데믹 위기 또한 인류가 더 나은 방향으로 나아가기 위한 재정비의 기회가 될 수 있다.

똑같이 코로나 시대를 살지만 마음가짐은 다 다르다. 어떤 관점으로 보느냐에 따라 정신건강과 행복 지수에 미치는 영향도 다르다. 막연히 팬데믹의 종식만을 기다린다면 끝이 보이지 않는 터널 속에서의 막막함을 느낄 것이다.

우울한 사람은 코로나19가 영영 끝나지 않을 것 같다며 최악의 경우만 생각한다. 불안이 심한 사람은 관련 뉴스 기사를 매일 들여다보고 끝없이 치솟는 확진자 수에 심장 박동 수도 함께 치솟는다. 마치 내 안위와 행복이 눈앞의 상황에 달린 것처럼. 그러나 행복은 세상 정세와 주변 환경이 아닌 내 안에 있다.

팬데믹으로 가정, 일터, 교회에서 우리의 민낯이 낱낱이 드러났다. 사회적 거리두기로 집에 있는 시간이 늘며 가족과 다툼이 잦아졌고, 재택근무와 화상 회의를 통해 출근하지 않고도 업무가 가능함을 알았고, 온라인예배를 드리며 점점 흐트러지는 예배 태도에 내 신앙의 현주소를 보게 되었다.

물론 교회는 건물이 아니다. 예배는 어느 곳에서나 가능하다. 특히 디지털 세상에서는 시공간의 제약 없이 말씀을 접할 수 있다. 각종 교회 프로그램 없이도 예배는 우리 안에서 일어난다. 사도바울의 고백처럼 나는 이미 죽었고, 내 안에 계시는 그리스도로 인해 우리는 예배할 수 있다. 다만 그럴수록 예배드리는 태도와 마음가짐을 점검하고 예배의 본질을 잊어서는 안 된다.

하나님은 모든 일에 선한 의도를 갖고 계신다. 성도는 홀로 하나님과 대면하며 이 위기를 무너진 신앙을 바로 세우는 기회로 삼아야 한다. 지금껏 외형적인 것들을 갖추느라 분주했다면 이제는 내게 주님이 뭐라고 말씀하시는지 조용히 귀 기울이자. 그 무엇도 그리스도가 주시는 평안을 앗아갈 수 없다.

역사적으로 교회는 전염병, 전쟁 속에서도 존립해왔다. 위기 속에서도 세상을 다르게 바라보며 빛과 소금으로서 그리스도의 사랑을 실천한 결과일 것이다. 지금이라도 주변에 나보다 더 어려움

을 겪는 사람들을 돌아보자. 그들의 처지를 헤아리고 도움의 손
길을 내밀자. 그러려면 오래 묵은 내 가치관, 자기중심적 틀에서
벗어나야 한다. 상대방의 입장이 되어볼 때 그의 편이 될 수 있고
내 편이 될 수 있다.

코로나 시대를
사는 지혜

코로나 시대에 나와 가족의 정신건강을
돌보기 위해 무엇을 지켜야 하며, 하나님의 관점에서 이 시대를 어
떻게 바라봐야 할지를 구체적으로 살펴보자.

◦ 하나님과 단둘이 만나는 예배의 회복

코로나 시대에 크리스천은 홀로 예배하는 습관을 기를 수 있
다. 전에 없던 방식으로 예배를 드리면서 온라인으로 설교나 찬양
을 세계 어느 곳이든 송출할 수 있다는 동시성도 경험했다. 또한
건물이 아닌 내가 성전이고, 격식과 외형을 벗어나 예배드리는 그
곳이 교회임을 알았다.

대면 예배나 교회 모임을 못 해서 신앙과 경건 생활이 무너진 경
우는 가정예배를 회복하자. 처음엔 쑥스럽고 어색하지만 부모나
남편이 주체적으로 가정예배의 안착을 위해 노력하자. 온라인예

배를 함께 모여서 드리는 것도 방법이다. 홀로 예배드리는 경우는 하나님과 단둘이 친밀한 예배의 시간을 갖자. 교회 모임에서 상처받고 상대적 박탈감을 느꼈던 사람은 개인적인 예배와 경건 생활을 회복하며 상대의 잘못뿐 아니라 자신이 예민했던 건 아닌지 돌아보고, 온라인을 통해 성도 간 교제를 이어가길 바란다.

○ 건강한 사고방식과 생활 습관 챙기기

규칙적인 생활과 긍정적인 생각은 정신건강의 기본이자 핵심이다. 면역 기능을 향상하고 수명을 연장하며 자존감을 높이고 행복감을 가져다준다. 심지어 암을 이길 힘이 되기도 한다. 그러므로 무너진 삶의 습관을 회복하고, 바빠도 잠시 멈추어 내 마음 상태를 살피자. 다음과 같은 질문이 자신을 점검하는 데 큰 도움이 된다.

- 나는 낙천적으로 생각하는가?
- 상황을 비관적으로 바라보는가?
- 나는 미워하는 사람이 있는가?
- 내 마음속 감옥에 누군가를 가둬두지는 않았는가?
- 나는 사소한 일에도 감사하고 있는가?
- 내 삶은 기쁨이 넘치는가, 불평이 넘치는가?

또한 명상이나 이완 요법을 시도해도 좋다(명상을 돕는 앱도 유용하다. 특정 종교성이 없는 명상을 잘 선택하여 꾸준히 해보자). 이는 두통, 좌골신경통, 가슴 통증을 완화하고 혈압을 낮추며 불면증을 치료한다. 창의적인 사고를 하게 하며 각종 불안증후군을 없애고, 암 치료도 촉진하는 것으로 밝혀졌다.

○ 가족, 지인 관계 재정립하기

사회적 거리두기로 주로 집에만 머물면서 오롯이 자신에게 집중할 수 있는 시간이 생겼다. 자가격리를 경험한 사람은 매장당하는 기분이 든다고도 하지만, 진료실을 찾은 환자들은 사람을 안 만나니 마음이 편하다고도 한다. 내향적인 사람은 혼자 집에 조용히 있는 걸 선호하기에 오히려 거리두기가 편하다고 말한다.

칼 구스타브 융이 인간의 심리 유형을 무의식과 연계해 크게 '내향형'과 '외향형'으로 나누었다. 외부 사람과 어울릴 때 에너지를 빼앗기는 '내향형', 에너지를 충천하는 '외향형'이 있다. 외향형과 내향형은 타고난 기질이기에 어떤 것이 더 좋고 나쁜 게 아니다. 혹 사회적 거리두기로 더 편안함을 느낀다고 해서 '나는 사회 부적응자인가'라고 염려할 필요가 없다.

실제로 학교 적응이 어려웠던 아이는 학교에 안 가서, 직장 내 대인 관계에서 에너지 소모가 컸던 사람은 일에만 집중할 수 있어서, 평소 내성적인 사람은 불필요한 모임에 가지 않아도 되어 좋다고 말한다. 그러다 보니 꼭 필요한 사람만 주변에 남는다. 하지만 장기간 고립되는 건 좋지 않으니 관계 연결망을 통해 최소한의 사회적 접촉을 유지해야 한다.

그렇다면 가족 관계는 어떨까? 2020년 한 취업 포털 사이트에서 성인 805명을 대상으로 한 설문 조사에 따르면, 학부모의 절반(46.5%)가량이 코로나19 이후 가족과 갈등을 빚었다고 했다. 그 원인으로 '집에만 있다 보니 부딪히고 싸움이 빈번해져서'(29.6%)와 '외출 부족으로 자녀가 힘들어함'(30%)이 가장 컸고, '미뤄졌던 등교, 학원 일정으로 인한 자녀 학업 걱정'(25.8%), '감염증 우려로 잔소리가 늘어남'(13.8%) 등이 있었다.

2021년 사회조사 결과에 따르면 2020년 이혼 건수는 전년 대비 약 4,300건이 감소했다. 한 보험사 연구소는 통계청 자료를 바탕으로 해외와 달리 국내 이혼율이 떨어진 이유로 '관계'가 큰 영향을 끼쳤다고 분석했다. 코로나19로 한 지붕 밑에 사는 가족을 제외한 사람들과 관계가 멀어지고 명절이나 각종 가족 모임이 줄면서 친인척 간 갈등이나 부부싸움이 줄어 이혼율도 감소했다는 것이다.

또 다른 요인으로 위기 상황에 잘 뭉치는 국민성을 들 수도 있다. 1997년 IMF 때도 가족이 뭉치고 전 국민이 힘을 합쳐 위기를 타개하는 저력을 발휘했다. 코로나19라는 위기도 꼭 필요한 인간관계를 재정립하고 가족과 결속을 다지는 계기로 삼아보자.

◦ 심리적 거리두기 연습

지금은 어느 때보다 '심리적 거리두기'를 연습할 좋은 시기다. 마스크 하나 마음대로 쓰고 벗을 수 없고, 방역 지침도 세세하게 따라야 하지만 사람과의 만남은 조절할 수 있다.

대인 관계에서 스트레스를 많이 받는 사람은 코로나19가 종식돼도 마스크를 계속 쓰고 다니겠다고 한다. 마스크 속에 표정을 숨길 수 있고 타인의 눈치도 덜 보게 되었기 때문이다. 평소 타인과 지나치게 얽혀있는 심리적 거리를 살짝 벌리고, 혼자 있는 시간을 통해 인간관계에서 받았던 스트레스나 상처를 다독이자. 또 내가 누군가의 삶에 지나친 개입이나 간섭을 하진 않았는지, 상대를 있는 그대로 바라보고 존중했는지 돌아보자.

가족 간에도 적절한 심리적 거리두기가 꼭 필요하다. 부모는 미성년, 성인 자녀에게 예의를 갖추고, 단점을 지적하기보다 장점과 평소 고마운 점을 전해보자. 혼자 사는 사람은 너무 고립되지 말고 생활 리듬을 유지하되 주변 사람과 적정한 연결고리를 계속 이어가자. 간섭받지 않는 것도 중요하지만 자극이 너무 없어도 문제가 된다. 온라인에서라도 사람들과 연락을 주고받길 권한다.

이런 시대에 필요한 건 무엇보다 '자기 위로'다. 새로운 정신과 트렌드인 마음챙김의 한 방법이기도 하다. 어려운 시기를 지나고 있는 자신에게 잘 견디고 있다고 칭찬과 위로를 쏟아주자. 내가 내 모습으로 살 수 있을 때, 그 모습이 마음에 들 때 다른 사람도 받아들일 수 있다. 가장 좋은 친구는 바로 나다! 진심으로 내 편이 되어주자. 또한 정기적으로 가까운 사람에게 안부를 전하며 관계에 시간을 투자하자. 표현하지 않으면서 상대가 먼저 알아주기를 바라서는 안 된다.

◦ 고립, 정신건강을 살펴야 할 때

정신건강이 취약한 사람은 '고립'의 시기에 우울증이나 공황장애 등이 쉽게 찾아온다. 가라앉아 있던 불안의 잔재물들이 위기 상황에 수면 위로 떠오르기 때문이다.

특히 백신 부작용에 대한 공포감으로 백신을 맞은 후 정신과를 찾는 발길이 늘고 있다. 이런 불안은 건강염려증으로 이어지고 신체감각에 극도로 예민하게 반응함으로 현재에 집중하지 못하게 만든다. 또 언제 끝날지 모른다는 불확실성이 공포반응을 불러일으킨다.

간혹 백신을 맞고 나서 몸과 마음의 균형이 무너져 회사를 그만두거나 이별, 이혼, 사별 등 아픔을 겪으면 순간 뇌에서는 극도의 스트레스를 받아 신경전달물질의 혼란이 일어난다. 몸에서는 면역 기능이 떨어지며 자율신경계의 불균형이 찾아온다. 만일 백신을 맞은 전과 후로 내 건강이 많이 달라졌다면 정신건강도 함께 챙기도록 하자.

인생에서 고립의 시기는 늘 있다. 이때 하나님께서 무엇을 말씀하시는지, 내 가치 체계에서 무엇을 깨뜨리고 세우길 원하시는지를 들어보자. 인류에게 예외 없이 찾아온 이 위기 속에서 균형감을 잃지 말고, 오직 주를 바라보며 기다리자. 터널의 끝은 반드시 있다.

내 마음 ❤ 응급처치
ACTION PLAN

코로나19는 위기의 시간이지만, 나를 돌아보는 점검의 시간이다.

1. 코로나19 이전으로 돌아간다면 가장 하고 싶은 일상이 무엇인가?

_____

2. 이를 대체할 수 있는 행동을 구체적으로 적어보자.
   (예를 들어, 해외여행 → 국내 여행)

_____

3. 이 시기에 특별히 하나님께서 내게 하시는 말씀,
   기존의 가치관에서 바꾸길 원하시는 게 무엇인지 묵상하고 기도해보자.

_____

4. 코로나 시기에 취약한 이웃에게 어떤 선행을 실천할 수 있을지 나열해
   보자.

_____

Q 첫 직장생활을 시작한 24세 여성입니다

대학 시절에는 갈등 없는 인간관계를 위해 양보도 많이 하고 최대한 노력했어요. 하지만 직장생활을 시작하니 상사와 갈등이 생기고 싫은 소리도 들으면서 상처를 받습니다. 상사가 제 잘못을 지적하면 '내가 돈 받고 일할 자격이 있나? 나보다 훨씬 잘하는 사람도 많을 텐데 내가 여기에 있어도 되나?' 하는 생각이 들고, 스스로 가치 없는 사람처럼 느껴집니다. 한번은 퇴근 후 상사에게 걸려 온 전화 한 통에 저녁도 못 먹고 울기만 했습니다. 앞으로 이런 일이 많을 텐데 제 감정과 반응을 어떻게 해결해야 할까요?

A 직장 스트레스의 가장 큰 요인은 인간관계입니다

힘든 상사를 피해 직장을 옮기면 똑같은 상사가 또 있지요. 한 분야에서 인정받으려면 약 10년의 세월이 필요하다고 봅니다. 적응과 숙련을 위해 필요한 시간이지요. 그 기간을 잘 견디고 배우면 어느새 달라진 자신을 발견할 거예요. 다음 네 가지 처방을 드리고 싶어요.

1. **같이 일하기 좋은 사람이 되어보세요**

   직장생활은 업무의 성취만큼 대인 관계, 사회생활을 배워가는 장입니다. 누구나 일 잘하는 사람보다 같이 있기 좋은 사람과 일하고 싶어 하기에 회사에서도 동료와 잘 지내는 사람을 더 선호합니다. 첫 직장인 만큼 아직 서툴고 어렵겠지만 할 수 있는 일과 할 수 없는 일을 구분하고 자신의 의견을 적절한 타이밍에 표현하는 법을 연습해보세요. 상사와의 대화는 먼저 글로 써서 연습하거나 상대의 입장에서 들어보고, 그의 반응도 미리 예상해보세요. 그러면 대화가 훨씬 수월해질 거에요. 또한 동료와 잘 지내는 것도 중요하지만 직장은 친구를 사귀기 위해 다니는 곳이 아니라는 점도 명심하세요. 사적인 대화와 공적인 대화를 잘 구분해야 해요.

2. 이분법적 사고를 버리세요

'상사에게 꾸중 들으면 일 못하는 사람', '칭찬받으면 일 잘하는 사람' 등의 극단적인 생각을 멈추세요. 이런 사고방식을 가지면 우울증에 빠지기 쉽습니다. 내면의 초자아(성장하는 동안 부모에게 영향을 받은 전통적 가치관, 사회규범과 이상, 도덕과 양심이 자리 잡은 부분)가 강하면 마음속에 나를 지적하고 괴롭히는 파수꾼이 존재하는 거예요. 스스로 너무 엄한 잣대를 들이대거나 생각이 극단적으로 치닫지 않도록 자신을 객관적으로 바라보세요. 싫은 소리를 들어도 '그럴 수 있지', '이제 고치면 되지' 하며 툭툭 털어내세요.

3. 고통에는 반드시 행복이 따라옵니다

고통이 없으면 배움도 없습니다. 많은 청년이 SNS 속 '좋아요'가 눌린 사진들처럼 모든 순간에 '좋아요'를 받고 싶은 강박이 있어요. 그러나 실제 우리 삶에서 '좋아요'가 눌릴 만한 순간은 1%도 안 됩니다. 나머지 99%는 지루한 일상, 인고와 훈련의 시간이지요.

《고통 없는 사회》(한병철 저)는 "진통제가 남용되며, '좋아요' 일색인 소셜 미디어는 물론이고 예술조차 진통제로 작용합니다"라고 말합니다. 이 사회가 약간의 고통과 싫은 소리도 못 견딘다는 거지요. 그러나 고통 없이 행복이 있을까요? 고통에는 반드시 행복이 따라와요. 회사에서 이리저리 치이다가 마침내 성과를 인정받고 승진했을 때의 기쁨은 이루 말할 수 없겠지요. 이 과정은 사회생활에서 누구나 겪는 일임을 받아들이세요.

4. 'Why not?'으로 잘못된 가정을 바로잡으세요

잘못된 인지를 바꾸기 위해 'Why not?'을 대입해보세요. '회사에서 혼나면 왜 안 돼?', '일을 잘하건 못하건 월급 받는 게 당연하지, 뭐가 문제야?' 식으로 잘못된 가정을 바로잡고 자신에게 유리한 쪽으로 생각하세요. 우울증이나 예민함은 인지 오류에서 출발하는 경우가 많습니다.

회사가 나를 채용한 건 내가 적합한 사람이기 때문이에요. 자존감이 낮은 사람은 권위의 대상과의 관계에서 어려움을 겪습니다. 권위자에게 부모상을 투사하기에 엄격한 초자아를 갖게 되고 높은 기준으로 자신을 평가해서 늘 위축되어 있지요. 인간관계뿐 아니라 하나님과의 관계에서도 '엄격하신 하나님'상을 갖습니다. 그러나 하나님은 조건적인 분이 아니세요. 왜곡된 하나님상도 바로잡길 바랍니다.

상처받더라도
끝까지 사랑할 수 있도록

주님, 제 안에 사랑이 없습니다

2021년 봄, CGNTV에서 '유은정 원장의 마음치료 코칭' 시즌 3 강의 제안을 해왔다. 당시 내게는 안팎으로 어려운 일들이 한꺼번에 닥쳤었다. 병원에서 믿고 지내던 후배 의사와 주요 업무를 맡은 직원들이 여러 이유로 그만두었고, 가정에도 말 못 할 어려움이 많았다. 그 와중에 강의를 열두 번이나 한다는 건 현실적으로 큰 부담이었다.

몇 번을 거절했지만 피디님의 삼고초려로 결국 하게 되었다. 지나고 보니 사단의 여러 공격에도 불구하고 강의를 결단한 내가 이긴 거였다. 마치 베드로가 믿음으로 예수님을 향해 물 위를 걸어갔듯이 나도 크리스천 정신과 의사의 사명만 바라보고 직진했다.

시즌 1,2와는 또 다른 마음으로 3개월간 일정을 철저히 줄이고 오직 독서와 글쓰기에 매진했다. 종일 진료를 해야 했기에 강의 준비를 우선순위로 두어야만 가능한 일이었다. 당시는 시간을 드린 것 외에 삶에 눈에 보이는 열매가 없었지만, 하나님의 때에 순종하고 나를 드리면 놀라운 결과가 있음을 익히 경험했기에 믿음으로 도전할 수 있었다.

그리고 강의가 시작되자 놀랍게도 내 안에 고갈되었던 에너지가 샘솟고 병원 일도 하나씩 풀리기 시작했다. 처음에는 10강 정도만 하겠다고 선을 그었는데 방송국에서는 시즌 1,2처럼 12강으로 맞춰야 한다고 했다. 그런데 강의를 시작하고부터는 은혜와 지혜가 넘치게 부어져 오히려 내가 두 강을 추가하자고 제안했다. 그 내용이 2부의 '크리스천이 정신과 약을 안 먹으려는 이유'와 '사랑, 실존적 외로움의 유일한 해답'이다.

2019년 3월, 한 여행지에서 권혁빈 목사님의 《사랑에 이르는 신학》을 읽고, 나는 눈물로 회개했다. 책 한 귀퉁이에 '주님, 제 안에 사랑이 없습니다'라고 눌러 쓴 글과 눈물 자국이 아직 남아있다. 그때부터 '하나님, 사랑이 뭔가요? 사랑을 알려주세요. 사랑을 부어주세요'라고 시작한 기도가 강의와 집필을 하며 '하나님의 사랑을 조금씩 알 것 같아요. 당신은 진정 사랑이십니다. 그런 하나님을 제가 너무나 사랑합니다'로 바뀌었다.

때마침 읽은 크리스천 정신과 의사 이성훈 님의《멈출 수 없는 사랑, 아가서의 사랑 이야기》도 사랑 불능자인 내게 사랑의 과정을 친절하고도 명쾌하게 풀어주었다. 이 두 권을 통해 사랑에 대한 중요한 통찰을 얻었다.

다시 하나님께 나아가기를

이 책을 쓴 이유 역시 '사랑' 때문이다. 그동안 받은 사랑에 화답하고 싶고, 내 영상 강의와 책을 보고 용기 내어 정신과를 찾아준 크리스천들을 위로하고 싶어서다. 진료실에서 미처 하지 못한 이야기, 교회에서 차마 물을 수 없는 질문에 답하는 게 내 역할이자 크리스천 정신과 의사의 사명이라고 생각한다. 내가 경험한 하나님은 그분이 시작하신 일을 반드시 이루시는 분이기에 우리는 각자 사명의 자리만 지키면 된다.

이 책이 깊은 마음의 상처로 아파하는 독자와 가족에게 응급약이 되길 바란다. 또한 정신과 상담이 꼭 필요하지만 차마 병원 문턱을 넘지 못하는 이들의 생각을 바꾸고, 관계의 상처로 인해 신앙을 등진 이들이 다시 하나님께 나아가는 계기가 되길 간절히 바란다. 더불어 코로나19로 온라인예배를 드리는 성도나 소그룹 등에서 격려와 나눔의 도구로 쓰이길 기도한다.

시즌 3 강의까지 잘 마치도록 이끌어준 CGNTV 김경숙 피디님에게 진심으로 고마움을 전한다. 강의를 보자마자 바로 연락을 주고 원고를 정리해준 규장 출판사 김아진 편집장님의 노고에 존경을 표한다. 각 장에 상담 사례와 액션 플랜(Action Plan)을 추가하자는 의견을 주어서 진료실에서 내담자에게 꼭 필요한 약을 손에 쥐여주듯 적어보았다.

또 기도로 기획하고 출간하는 여진구 대표님과의 대화도 잊을 수 없다. 《상처받지 않고 끝까지 사랑하기》 출간 이후 거의 3년 만의 만남이었는데도 마치 어제 본 것처럼 속 깊은 대화를 나누었고 큰 위로와 격려를 얻었다. 항상 저자의 마음을 뜨겁게 해주는 은사를 가진 분이다.

마지막으로 내 부족한 사랑을 늘 돌아보게 하는 서초좋은의원과 굿이미지심리상담센터의 선생님들과 직원들, 사랑하는 가족에게도 감사의 말을 꼭 전하고 싶다.

내 마음도 쉴 곳이 필요해요

초판 1쇄 발행   2022년 1월 26일
초판 9쇄 발행   2024년 6월 3일

지은이   유은정

펴낸이   여진구
책임편집   김아진 정아혜
편집   이영주 박소영 최현수 안수경 김도연
책임디자인   마영애 조은혜 | 노지현 이하은
홍보 · 외서   진효지
마케팅   김상순 강성민   마케팅지원   최영배 정나영
제작   조영석 허병용   경영지원   김혜경 김경희

303비전성경암송학교 유니게 과정
이슬비전도학교 / 303비전성경암송학교 / 303비전꿈나무장학회

펴낸곳   규장

주소 06770 서울시 서초구 매헌로 16길 20(양재2동) 규장선교센터
전화 02)578-0003   팩스 02)578-7332
이메일 kyujang0691@gmail.com   홈페이지 www.kyujang.com
페이스북 facebook.com/kyujangbook   인스타그램 instagram.com/kyujang_com
카카오스토리 story.kakao.com/kyujangbook
등록일 1978.8.14. 제1-22

ⓒ 저자와의 협약 아래 인지는 생략되었습니다.
이 출판물은 저작권법에 의해 보호를 받는 저작물이므로 무단 전재와 무단 복제를 할 수 없습니다.

책값   뒤표지에 있습니다.
ISBN 979-11-6504-285-1 03230

규 | 장 | 수 | 칙

1. 기도로 기획하고 기도로 제작한다.
2. 오직 그리스도의 성품을 사모하는 독자가 원하고 필요로 하는 책만을 출판한다.
3. 한 활자 한 문장에 온 정성을 쏟는다.
4. 성실과 정확을 생명으로 삼고 일한다.
5. 긍정적이며 적극적인 신앙과 신행일치에의 안내자의 사명을 다한다.
6. 충고와 조언을 항상 감사로 경청한다.
7. 지상목표는 문서선교에 있다.

하나님을 사랑하는 자 곧 그의 뜻대로 부르심을 입은 자들에게는 모든 것이 合力하여 善을 이루느니라(롬 8:28)

규장은 문서를 통해 복음전파와 신앙교육에 주력하는 국제적 출판사들의
협의체인 복음주의출판협회(E.C.P.A:Evangelical Christian Publishers
Association)의 출판정신에 동참하는 회원(Associate Member)입니다.